W0323762

QUE FAIRE ?

DU MÊME AUTEUR

Forget 68, Éd. De l'Aube, 2008.
Une envie de politique, La Découverte, 1999.
Xénophobies. Histoires d'Europe, avec Thomas Schmid, Grasset-Mollat, 1998.
De l'écologie à l'autonomie. Dialogue avec Cornelius Castoriadis, Le Seuil, 1981.

DANIEL COHN-BENDIT

QUE FAIRE ?

Préface inédite

Pluriel

Collection fondée par Georges Liébert
et dirigée par Joël Roman

ISBN : 978-2-8185-0014-9
Dépôt légal : octobre 2010
Librairie Arthème Fayard/Pluriel, 2010.

Ouvrage paru en première édition dans la collection « Tapage »
animée par Joël Roman et Gilles Achache.

© Hachette Littératures, 2009.
© Librairie Arthème Fayard, 2010.

Préface inédite

Depuis la première publication de ce livre, au moment de la campagne pour les élections au parlement européen de 2009, la crise socio-économique a remis à jour celle du monde politique, en soulignant l'essoufflement de la méthode Sarkozy, brouillonne et brutale, ainsi que l'absence criante de réelles solutions de rechange et d'inspiration nouvelle dans une opposition pourtant revigorée par les difficultés du gouvernement.

Dans le même temps, au fil des scrutins qui se sont succédés, Europe Écologie a réussi son pari de s'imposer dans le paysage politique français [1]. Le moins

1. On trouvera en annexe trois des textes qui ont balisé ce parcours : l'appel « pour une relance démocratique de l'Europe », signé

que l'on puisse dire, c'est qu'au moment de la parution de ce livre, bien peu de monde aurait osé tenir un tel pari. Dans certains médias, comme dans le discours de nombreux ténors politiques, tout dans Europe Écologie était bon à jeter. Jusqu'au nom de notre rassemblement qui paraît-il ne passait pas, au prétexte que le mot Europe était inaudible en ces temps post-traumatiques du « non » français au référendum sur le Traité constitutionnel et où de bons esprits jugeaient indécent qu'on parlât d'écologie – ce luxe ! – à un moment où un séisme financier et une crise économique de grande intensité frappaient le pays. À trois ans de la présidentielle, toutes les formations politiques ou presque pensaient faire de ces élections européennes un petit tour de chauffe en perspective du prochain grand soir électoral. C'est un classique de la vie politique dans ce pays

---

avec José Bové, publié dans *Le Monde* du 29 mai, à la veille du scrutin européen ; l'appel à faire vivre Europe Écologie au lendemain de ce scrutin, publié sous le titre « faisons passer la politique du système propriétaire à celui du logociel libre », publié dans *Le Monde* du 15 juin 2009 ; et enfin, l'appel que j'ai lancé dans *Libération* au lendemain du scrutin des régionales, le 22 mars 2010, « Changer la politique pour changer de politique », appelant à une transformation des Verts et d'Europe écologie.

que de toujours vouloir donner des réponses sans rapport avec la question posée.

Et de fait, jamais campagne électorale ne fut autant détournée de son objet : celui d'élire des parlementaires européens pour imposer plus de vivacité et de représentation politique dans les institutions de l'UE. À sa manière, et au mauvais sens du terme, cette campagne fut vraiment surréaliste. Dans le peu d'espace accordé au débat public, les têtes de listes se voyaient éclipsées au profit des chefs de partis, la plupart déjà candidats putatifs pour 2012. Et comme l'imagination n'est pas le fort des partis politiques, chacun était sommé d'y aller, à droite, de ses discours louangeurs à l'égard de Nicolas Sarkozy, et à gauche des diatribes les plus convenues contre le locataire de l'Élysée.

Fondé sur la relance démocratique de l'Europe et la transformation écologique de la société, notre projet passait presque pour déplacé. Et puis, on a beaucoup raillé aussi notre rassemblement des écologistes. « Incohérent », « opportuniste », « has been »... D'Eva Joly, on disait qu'elle était illégitime, sans expérience et, comble de l'infamie, suspecte de penchants centristes... Quand on en reparle ensemble aujourd'hui, on s'amuse des commentaires de l'époque. C'est un véritable plaisir de voir son action à la tête de la commission du Développement au Parlement européen et de regarder ses détracteurs d'hier frémir devant tant de détermination à faire plier un système financier aux mécanismes aussi injustes qu'absurdes ! Quel chemin parcouru aussi dans les esprits quand on constate l'engouement des citoyens et des militants qui poussent à présent cette « écologiste d'adoption » à honorer le rendez-vous de 2012 !

De son côté, José Bové n'a guère été mieux traité. Traître à la cause révolutionnaire d'un côté ou inquiétant hors-la-loi de l'autre, l'homme n'avait certainement plus toute sa raison pour s'être fourvoyé dans ce repaire hétéroclite de réformistes pro-européens et de chantres de l'environnement ! Ceux qui le pourchassaient hier se pressent aujourd'hui à la porte de son bureau pour solliciter ses avis, soutiens, conseils…

« Auberge espagnole », « attelage bancal », « casting ringard », « carpe et lapin »… on aura tout lu à notre sujet, sans parler de la commisération attristée à l'endroit de tous les Jadot, Besset, Bélier, Delli, Canfin venus du monde étrange des associations, des ONG et de la société civile.

Au passage, j'ai évidemment eu droit moi aussi à mon lot de petites vacheries… « Vieilli, usé, fatigué », l'homme du « combat de trop », « Cohn et bandit », « intime de Sarkozy », « suspect de pédophilie »... On se plaît souvent à me décrire comme l'enfant chéri des médias et des commentateurs politiques : je bénéficierais de leur bienveillance coupable, j'userais et j'abuserais de leur mansuétude à mon égard pour occuper de manière indécente les plateaux de télévision ou les colonnes des journaux. On me prête volontiers un ego démesuré et un narcissisme tels que je finirais par éluder le fond pour la forme, le réel pour le spectacle et les idées pour ma piètre apparence. Bref, je serais un renard roux, roublard et rusé, favorisé et instrumentalisé par les maîtres occultes du poulailler libre ! Je confesse volontiers une véritable passion pour le journalisme et pour ceux qui ont la vocation d'informer et de tenter de faire vivre le débat public. Certes, on ne prête qu'aux riches, mais je demande à tous ces pourfendeurs de la pensée unique de passer un peu de temps à reprendre ce que j'ai dit et écrit durant toute cette campagne. Oui, je l'avoue, j'ai un côté sale môme qui en agace plus d'un, mais c'est aussi pour cela qu'à chaque fois qu'on m'assène un coup pour me faire rentrer dans le rang, j'en ressors toujours plus résolu à ne rien lâcher, à refuser la volonté de certains de me domestiquer.

Jusqu'à la veille du scrutin, très nombreux étaient encore ceux qui doutaient de notre capacité à dépasser le Modem. Tous – et à vrai dire nous aussi – furent étonnés le jour suivant de nous voir « tutoyer » un Parti socialiste alors en pleine déconfiture ! Avec 16,3 % des suffrages et 2,8 millions de voix, je maintiens que ce 7 juin 2009 a été le « D-Day de l'écologie politique » en France. L'image est certes un peu facile, mais elle dit bien ce qu'elle veut dire : ce « débarquement » pacifique fut si massif qu'il ne pouvait être nié ou passé sous silence par les forces politiques occupant jusque-là le devant de la vie publique hexagonale. Pour pousser la métaphore mais en mettant un peu de pondération dans mon propos, je dirais que ce fut un débarquement réussi, mais non une victoire définitive.

La prise de conscience écologiste qui a fortement progressé ces dernières années a indéniablement été une des raisons majeures du vote en faveur de nos listes. Le travail de fond mené par les ONG et par Nicolas Hulot y a beaucoup contribué, mais sa transformation en un acte politique dans les urnes n'était pas évidente. La crise qui a frappé les places financières internationales à l'automne 2008 avec ses conséquences désastreuses sur le plan économique et social aurait pu avoir raison de nous, comme le petit jeu classique du théâtre politique avait eu raison des Verts aux élections de 2007. Mais justement une des forces du projet d'Europe Écologie est d'avoir mis clairement en évidence les liens étroits entre la faillite de notre modèle productiviste et la dégradation écologique de la planète. Nous n'étions plus les prophètes de malheur annonciateurs d'une catastrophe lointaine, mais bel et bien ceux qui proposaient des solutions concrètes et immédiates pour échapper à une faillite environnementale et sociale déjà bien engagée – et se préparer à éviter les crises futures.

Le second moteur de notre succès renvoie à notre expérience sur la scène européenne et notre vision d'une Europe véritablement démocratique pour faire face aux conséquences d'un désordre mondial tristement établi. Impuissants devant la conjonction des crises, les États nations ne sont plus en mesure de répondre seuls aux défis économiques, sociaux, écologiques et géopolitiques de l'époque. Alors que la classe politique nationale faisait mine de rejouer le drame du référendum de 2005, nous avons proposé une sortie par le haut en suggérant une profonde réforme des institutions et des politiques européennes et d'œuvrer à l'avènement d'une démocratie transnationale.

Le troisième élément qui, à mon sens, a été déterminant dans notre réussite fut la force avec laquelle notre rassemblement, dans sa forme autant que dans sa richesse humaine, est parvenu à incarner une autre manière de faire de la politique dans l'Hexagone. À l'opposé des pesanteurs partidaires et de leurs inévitables logiques de caporalisation, le Rassemblement des écologistes a su montrer que la diversité, fédérée par un contrat à la fois fort et ouvert, était en mesure de générer un nouvel intérêt pour la chose publique parmi nos concitoyens. Désabusés par les divisions qui régnaient au sein de la gauche et par le sempiternel discours de l'homme fort providentiel porté par la droite, nombre de Français ont, à juste titre, vu en Europe Écologie une autre façon d'être et d'agir en politique.

Fi du triomphalisme ! Il serait déplacé de ne pas reconnaître aussi les circonstances particulières et le taux d'abstention terriblement élevé qui nous ont amenés à un si beau résultat. J'ai bien conscience de l'ampleur des chantiers à mettre en œuvre dans le champ politique comme dans le reste de la société pour mener bien la transformation écologique que nous appelons de nos vœux ! C'est pourquoi il était nécessaire de ne pas en rester là et d'inscrire la dynamique du 7 juin dans une perspective durable. Les élections régionales de mars 2010 ont à cet égard été un bon révélateur de nos nouvelles forces et de nos faiblesses récurrentes. À l'actif du bilan, nous avons indéniablement confirmé notre ancrage dans les forces structurantes de la vie politique nationale et rassemblé 2,4 millions d'électeurs, souvent différents des précédents. Mais d'une région à l'autre, les variations des scores ont aussi montré qu'un programme intelligent et une belle étiquette ne suffisaient pas à nous rendre légitimes et désirables auprès de nos concitoyens. En dépit de la qualité des renforts qui nous ont rejoints, nous avons encore du mal à surmonter les carences d'hier : celles d'être encore trop souvent vus comme des supplétifs du Parti socialiste ou des protestataires certes sympathiques mais dont on ne souhaite pas la victoire. J'ai, paraît-il, « douché » beaucoup d'écologistes en osant dire très tôt que je ne pensais pas que nous soyons en mesure de gagner la présidence d'une région. Ni grognon, ni euphorique, je rappelais simplement que Rome ne s'est pas bâtie en un jour, et qu'un chemin long d'une bonne décennie nous attend pour développer par étapes successives un mouvement en mesure de conduire ce pays.

Après le bon score des européennes de 1999, mes amis m'avaient souvent reproché d'avoir un peu vite cédé devant l'empressement de certains à reprendre les choses en main et à gérer ce qu'ils pensaient être un acquis de telle manière qu'ils ont finalement manqué de peu de faire disparaître l'écologie politique de l'échiquier national. Dix ans ont peut-être ainsi été perdus. J'ai tiré, je crois, les conséquences de ce triste épisode et le parti Vert aussi, à sa manière. Cette fois-ci, on ne m'a pas offert de billet retour pour Francfort, mais un plutôt bel accessit pour ce qui est certainement le plus contre-nature chez moi : une candidature à l'élection présidentielle de 2012 !

Amusant… S'il y a une chose au moins qui n'a pas changé en moi depuis 1968, c'est mon aversion pour cette perversion du fonctionnement démocratique que représente le présidentialisme à la française ! Survivance incongrue de la monarchie au cœur de la culture politique républicaine, depuis cinquante ans, tous les enjeux de notre vie politique semblent *in fine* réduits à cette seule bataille qui, en réalité, est bien futile. Le résultat, c'est que les formations politiques se dévoient perpétuellement au regard de cette unique échéance électorale. Au point où il n'existe plus de partis, au sens où on l'entendait par le passé, c'est-à-dire des lieux de débats, de propositions et de formation citoyenne, et des espaces d'incarnation large de la société civile, mais plutôt de grosses écuries présidentielles qui tournent à vide. Les Verts eux-mêmes, pourtant tenants du paritarisme, de la collégialité et de la co-direction, ont en France et, sous l'influence de ce système national, cédé aux vices et vertus du secrétaire national unique ! Personnellement, je ne cesserai jamais de m'élever contre l'idée qu'un ou une chef soit supposé incarner à lui ou elle seul la diversité de tout un mouvement. On s'étonne beaucoup de la désaffection des citoyens pour les urnes et de la piètre image dont souffrent les partis politiques. Il faudrait peut-être commencer par s'interroger sur cette illusion qui consiste à penser que le changement d'une société et la redéfinition de la politique ne relèvent que du seul capitaine du navire.

Ce n'est malheureusement pas la seule maladie qui affecte la vie politique française. Contrairement à l'opinion publique, ses principaux acteurs persistent à croire que la ligne de démarcation absolue du débat et de l'action politique repose sur un incantatoire et définitif clivage gauche-droite. En France, dès qu'on avance une idée aussi iconoclaste que celle-ci, il faut se préparer à recevoir une bordée d'insultes et un long procès en sorcellerie. Pourtant, je vois mal comment l'écologie politique qui propose une critique radicale du productivisme n'aurait pas le droit de rappeler que, historiquement, gauche et droite se sont rejointes dans la croissance sans limites et la destruction des richesses naturelles pour nourrir leurs promesses de liberté et d'égalité entre les hommes. Nier l'autonomie de la pensée écologiste, c'est la garder perpétuellement sous tutelle et légitimer les ravalements cosmétiques des autres familles politiques, expertes à se maquiller d'une touche de vert la veille des élections pour retourner dès le lendemain à leur visage quotidien.

Pour déployer un mouvement politique qui soit en mesure de changer le cours des choses et d'être autonome dans sa pensée, il faut d'abord accepter de se changer soi-même et sortir de la sclérose qui conduit les partis traditionnels à s'écarter des besoins de la société pour ne répondre qu'à leurs stratégies de pouvoir. Je le répète, quitte à lasser parfois, l'aspiration suscitée par l'émergence d'Europe Écologie dans l'espace politique nous charge de devoirs nouveaux autant que de plaisirs durables. Première évidence, quelques milliers d'adhérents à une formation, quelles que soient leurs qualités individuelles et leur intelligence collective, ne peuvent seuls prétendre orienter les choix et finalement décider pour plusieurs millions d'électeurs qui à deux reprises au moins ont accordé leur confiance à nos listes. Au-delà du vote ou des actions quotidiennes conduites dans l'esprit de ce que l'écologie politique souhaite incarner, chacun est évidemment libre de s'inscrire ou non dans le cadre d'une formation se réclamant de ses valeurs.

Même si certains continuent de traîner des pieds et de jouer la force de l'inertie, les Verts « version 2009 » ont su faire preuve de plus de maturité et d'intelligence que leurs prédécesseurs. Ils semblent avoir compris que pour « faire de la politique autrement », il faut aussi faire un parti autrement. On peut s'en réjouir ou le déplorer, mais l'épuisement de la logique partidaire n'est pas un fantasme. Et cette aspiration à quelque chose de nouveau et d'inédit est encore plus forte chez les signataires, Verts ou non, d'Europe Écologie.

Finalement, le problème auquel se heurte la construction du mouvement des écologistes fait écho à un problème plus profond qui concerne toute la classe politique française. Elle sent bien que quelque chose ne va pas, que le désir de renouvellement est profond et sincère – mais enkystée dans ses traditions et ses certitudes, elle ne sait pas quoi ni comment répondre à cette exigence. Entre pétition de principe et grandes contritions spectaculaires pour une continuité irréversible, c'est une sorte de parodie constante du « je vous ai compris » que nous joue la classe politique française plutôt victime finalement de son incapacité à se réformer, se repenser et à sortir de son cadre de référence propre. Sous le poids du passé et des réflexes identitaires, les pratiques demeurent et la métamorphose reste un horizon lointain.

Ces dernières années l'ont illustré encore avec force. Même en admettant, pourquoi pas, la sincérité de sa volonté de rupture, Sarkozy s'est lui-même heurté à sa propre nature, à son incapacité à changer et à comprendre les changements. Il avait par exemple effectivement senti quelque chose dans la société française et en avait tiré, entre autres, le « Grenelle de l'environnement » et la commission Rocard sur la taxe carbone. Mais incapable de rompre avec la culture UMP, le clientélisme agricole ou avec les pratiques du patronat, il a tout abandonné – « L'environnement, ça commence à bien faire ! ». Et il a probablement condamné à court terme toute idée de Contribution Climat Énergie, ce qui est hautement irresponsable.

C'est incroyable de constater à quel point imaginer une pratique politique différente est tout simplement impossible pour les acteurs institués de la vie politique nationale. Les enjeux électoraux et les échéances de 2012 provoquent ainsi une simplification mutilante. Nous vivons avec des pratiques politiques pavloviennes : réflexes et postures plutôt que réflexion et positions. Prenons la question de la sécurité : le pouvoir s'entête dans une fuite en avant sécuritaire n'hésitant pas à assimiler immigration et délinquance, à prendre des mesures discriminatoires qui rappellent les périodes les plus sombres de notre histoire, et bafoue ouvertement les principes de la Constitution et la Charte des droits fondamentaux de l'Union européenne. Les écologistes et moi-même avons certes été au premier rang de ceux qui ont protesté contre cette honte et ces dérives inadmissibles. Mais nous peinons à définir une politique de sécurité qui aille au-delà de cette vigilance démocratique et de la défense des droits de l'homme, alors même que le discours écologiste est un discours très axé sur la sécurité, celle de la planète et celle des hommes dans leur environnement.

Le débat sur les retraites en est un autre exemple. Poussée par le patronat, la droite organise une réforme des retraites injuste et inefficace, qui aura surtout comme conséquence de pénaliser les plus faibles, les carrières longues de ceux qui ont commencé à travailler tôt, ceux qui se sont usés prématurément dans les tâches pénibles, les femmes qui ont interrompu leur carrière le temps de leur maternité et pour garder leurs enfants, et tous ceux qui ont eu des carrières plus ou moins cahotiques. Mais au lieu de répondre sur le fond, la gauche s'arc-boute sur le symbole des 60 ans et refuse de voir que le système actuel pénalise les générations futures. Elle n'arrive pas à imposer à Sarkozy le vrai débat : celui de la réorganisation entre temps de vie et temps de travail, celui de la formation et des parcours de vie, celui de la répartition des gains de productivité, dont la croissance continue entretient dans le système actuel le chômage de masse et réduit notamment l'assiette des cotisants.

Concernant Europe Écologie, j'ai l'impression que le problème est comparable : on est entré dans une période de réduction du périmètre du champ de l'imagination politique, alors qu'en fait la situation nous obligerait à faire un bond en avant. Mais paradoxalement, le renouvellement des pratiques pourrait venir de là où on ne l'attend pas : la présidentielle. Je continue de penser qu'on devrait avoir le courage de faire l'impasse sur cet événement « monar-cirque ». Mais j'ai bien entendu et compris tous ceux qui m'ont expliqué pourquoi il fallait y aller, à tout le moins cette fois encore. Finalement, je crois qu'avec Eva, nous tenons un moyen formidable pour tenter de changer certaines pratiques dans ce pays. Avec elle, Europe Écologie a un atout qui est la jeunesse, la fraîcheur, et le renouvellement politique. Tout l'enjeu est justement de mener une campagne qui soit en rupture avec la traditionnelle campagne de témoignage et avec des réflexes politiques classiques. Si elle est menée avec collégialité et détermination, cette future campagne présidentielle peut être l'occasion de sortir l'écologie politique de son rôle traditionnel de « supplément d'âme » au socialisme de papa.

Cette figure imposée de notre vie politique, qui permet de débattre avec la société et d'exister, peut en même temps s'affranchir de l'académisme ennuyeux des exercices obligés. Elle sera l'occasion de mettre en avant une autre réalité de la France – généreuse, écologiste, juste – et une conception alternative de la politique – collective, (bio)diversifiée, éthique et porteuse d'espoir. Pour faire de cette présidentielle un levier de changement, je pense même qu'il faut poser comme conditions d'un partenariat avec le PS et la gauche, la nécessité d'imposer une forme de proportionnelle et surtout d'entériner une remise en ordre du calendrier électoral redonnant la préséance des législatives sur la présidentielle. C'est le meilleur moyen de rompre avec la logique hyper-présidentielle qui s'est instaurée au cours de la dernière décennie et qui fige un bipolarisme souvent si mécanique qu'il en est devenu stérile.

Il y a encore beaucoup à faire pour revitaliser la démocratie française. En particulier dans la qualité de la représentation nationale. Ce qui me gêne dans ce système électoral, c'est que l'Assemblée nationale, expression de la volonté nationale est constituée par des parlementaires dont le mode d'élection privilégie l'enracinement et les logiques territoriales locales et régionales. C'est encore plus vrai pour les sénateurs. Et depuis l'échec du référendum proposé en 1969 par de Gaulle, qui voulait faire du Sénat un Conseil économique et social élu, représentant « les forces vives de la nation » cette logique territoriale n'a cessé de s'aggraver. Ironie de l'histoire ! C'était une bonne réforme, mais qui pour des raisons totalement étrangères à son objet a été retoquée. Après la victoire de la droite aux élections de 1968, par la peur des communistes, on a voulu en 1969 faire payer à de Gaulle l'usure du pouvoir… Il faut dire qu'à l'époque, on se croyait très malins avec notre "élections piège à cons"…

Ce petit détour historique n'est là que pour rappeler une chose : à part dans le charcutage électoral, la logique de la représentation démocratique en France n'a quasiment pas bougé depuis 1875 ! Pourtant, c'est une évidence : ne s'inscrire que dans des logiques territoriales revient à prendre le risque du conservatisme des ensembles fermés et oublier que la politique se construit aussi par la transversalité et le travail des réseaux. Dans un monde de mobilité et de changement social, la proximité politique ne se construit plus seulement sur des bases territoriales, mais aussi à travers des logiques affinitaires. On n'aura pas compris grand chose à l'évolution des pratiques politiques si on n'admet pas que de plus en plus de gens veulent agir ensemble autour de questions majeures que les seules logiques de représentations territoriales écrasent. À mon sens, la reconstruction de l'intérêt général passe par un nouvel équilibre entre ces deux modes complémentaires de produire du politique.

Toute chose égale par ailleurs, c'est un problème assez similaire qui se pose aujourd'hui en Europe. Ce sont les États membres qui tiennent le rôle des conservatismes et des logiques territoriales aux intérêts locaux limités. Ne serait-ce que pour des raisons d'échelle de l'action publique, le besoin d'une Europe politiquement intégrée est croissant. Changement climatique, épuisement des ressources, destruction de l'environnement, régulation financière et économique, menace nucléaire et sécurité collective, maintien de la paix : plus que jamais, les défis du XXIe siècle s'imposent à tous et exigent des réponses collectives.

Malheureusement trop d'hommes et de femmes politiques cèdent à la tentation de croire en un salut seulement national. En ces temps d'interdépendance et de mondialisation, s'accrocher ainsi aux ombres de la souveraineté nationale n'est pas seulement renier l'esprit communautaire ; c'est surtout se condamner à l'impuissance politique.

On assiste au sein même de l'Union européenne à une régression vers une union plus lâche qu'étroite, vers une Europe plus nationale que supranationale. Oubliant tout esprit communautaire, les États membres laissent la myopie des stricts intérêts nationaux venir brouiller toute vision commune. Ils privilégient les solutions intergouvernementales à l'intérêt européen. Jusqu'au point récemment de menacer la viabilité de l'euro, le symbole le plus concret de l'intégration européenne. Il faut refuser la tendance régressive et réactionnaire des États membres qui protègent leur pré carré. « Europe » a été enlevée à nouveau – et cette fois par une coalition de politiciens nationaux. Il est temps de la ramener. Je crois que ce n'est justement pas le moment de ralentir le rythme de l'intégration, mais au contraire de l'accélérer. L'histoire européenne nous l'a déjà montré, ce n'est pas avec *moins* mais avec *plus* d'Europe que se trouvent les réponses aux problèmes qui se posent à nous. Seules des solutions européennes et un esprit communautaire ressuscité nous permettront d'affronter les défis planétaires.

Car même face aux urgences les plus impératives, les conservatismes sont extrêmement difficiles à surmonter. Moyennant quoi, ce qui est fait est mal fait. Ainsi sur le sauvetage de la Grèce, dont la banqueroute menaçait la stabilité de la zone euro : le Conseil, c'est-à-dire les chefs de gouvernement auront eu besoin de quatre mois pour reconnaître l'urgence de la situation et se décider enfin à agir pour résoudre – très imparfaitement – la crise de la zone euro. Certes, avec l'établissement le 10 mai 2010 d'un mécanisme européen temporaire de stabilisation financière, ils ont fait une concession importante, quoique temporaire, vers une réforme de la gouvernance économique de l'Union européenne. Mais encore une fois, la coupe n'est pas même à moitié pleine puisque le système est limité à trois ans et que les réformes exigées en contrepartie des pays fragilisés sont quasiment intenables en si peu de temps.

Pour restaurer l'équilibre des comptes publics sans compromettre les équilibres sociaux, l'Europe aurait besoin d'un système complet d'euro-obligations ; ce qui remplacerait la concurrence fiscale nuisible entre les

États-membres en favorisant la coopération fiscale en particulier en matière de bénéfices des sociétés, ainsi que l'introduction d'une taxe financière sur les transactions s'appliquant à l'ensemble de l'Europe. De plus, en des temps de rigueur économique, il semblerait juste de distribuer équitablement le fardeau de la reprise en introduisant des taxes spéciales « crise » sur les bénéfices exceptionnels des entreprises du secteur de l'énergie et d'autres sociétés réalisant de grands profits.

En d'autres termes, les quelques concessions arrachées par les circonstances – et la mobilisation du Parlement européen – à une Commission européenne frileuse et à une majorité d'États membres rétifs correspondent pour l'essentiel à des mesures défendues en 2009 par Europe Écologie en France et par les Verts en Europe : grand emprunt, nouveau pacte de stabilité, convergence fiscale… À reculons et dans le déni, c'est tout de même une sorte de confirmation en creux de la justesse de nos analyses et propositions.

Lorsqu'ils ont été confrontés à leur pire crise, celle des années 1930, les États-Unis ont réussi à y répondre et à en sortir plus grands uniquement parce qu'ils ont œuvré en faveur d'une meilleure intégration fédérale. Le moment est venu de comprendre que la crise que nous traversons actuellement est une crise de la même envergure. La vraie question sur l'avenir de l'Union européenne n'est pas de savoir quel type de projets concrets et d'initiatives phares les Européens devraient essayer de mettre en place. L'enjeu est de savoir quel type d'union politique les Européens sont capables de réaliser.

Cité par Mario Monti dans son rapport sur le marché unique, Paul-Henri Spaak l'a dit de manière très juste en 1961 : « Tous ceux qui ont essayé de régler les problèmes économiques que posait le traité de Rome en oubliant le côté politique de la chose sont allés à un échec et aussi longtemps que l'on examinera [ces] problèmes uniquement sur le plan économique et sans penser à la politique, je le crains, nous irons à des échecs répétés. »

En décembre 2009, les rues de Copenhague s'étaient emplies de la foule des citoyens du monde entier, et d'Europe en particulier, venus dire aux gouvernements que les intérêts nationaux par eux défendus n'étaient pas ceux de l'humanité toute entière. La construction européenne le souligne chaque jour : l'État nation n'est pas un absolu. Il est envisageable, il est souhaitable, il est nécessaire de s'attacher à penser la démocratie au-delà de son cadre historique de l'État nation, dans un cadre réellement transnational. En Europe, c'est possible.

C'est la voie que nous devons embrasser. Parce que c'est l'Europe de demain.

Octobre 2010.

Introduction

« En fin de compte Dany,
tu es allemand ou français ? »

Question à mille euros et à laquelle je n'ai pas vraiment de réponse. J'ai pris l'habitude de m'en sortir par la pirouette du « bâtard » européen, être hybride qui aurait puisé ce qu'il y a de mieux dans chacune des deux identités. En fait, cette question reste pour moi plutôt étrange… Amin Maalouf raconte très bien la difficulté à expliquer qu'il n'est ni français ni strictement libanais. Dans ses rêves, dans la tristesse ou dans la peur, il est les deux. En ce qui me concerne, je dois ajouter une petite nuance. En sport, je suis pour la France. Et même si les cocoricos des reporters m'horripilent, je dois reconnaître que, quand la France est championne du monde de handball, je suis content. Une *french attitude* qui semble avoir contaminé mon fils puisqu'il veut devenir français. Il pousse d'ailleurs l'identification plus loin que moi et ça m'amuse beaucoup de l'entendre crier : « On a gagné, on est champion. » Il ne fait aucun doute qu'une partie de ma sensibilité et de mes émotions prend racine en France. C'est certainement la raison pour laquelle les Français me considèrent comme le plus français des Allemands, quand en Allemagne on me décrit comme le plus allemand des Français. Dans les méandres de mon identité, ce qui est sûr, c'est qu'il existe cette France que j'aime et dans laquelle je me reconnais, cette France qui, dans un moment historique important, a pu s'écrier : « Nous sommes tous des juifs allemands. » C'est aussi pourquoi, fidèle à cette double appartenance, j'avais décidé de briguer un nouveau mandat européen en France, en conduisant la liste Europe Écologie en Île-de-France. Après tout, n'avais-je pas fait deux mandats en tant qu'Allemand contre un seul en tant que Français ?

« Dany, tu es un militant,
un agitateur ou un homme politique
tenté par la respectabilité ? »

J'ai un privilège exceptionnel : celui de ne pas être considéré comme un homme politique ordinaire, c'est-à-dire comme un politique professionnel. Certes, je suis député européen, j'ai été adjoint au maire de Francfort (de manière militante toutefois, sans accepter d'indemnité), je suis sur la scène politique européenne, et plus particulièrement sur les scènes politiques française et allemande, depuis de longues années : mais c'est d'abord en tant que militant politique, en menant des combats, en défendant des idées. Je sais le poids des institutions, mais aussi la nécessité de devoir les infléchir pour faire changer les choses. C'est ce qui me donne une liberté de parole et une possibilité de prendre du recul vis-à-vis des mandats que j'exerce. Être un professionnel de la politique n'a pas de sens en soi. Entrevoir la fonction d'élu comme une carrière, c'est très rapidement se dissocier de ceux qui nous ont élus pour céder aux jeux malsains des appareils ou tenter d'en tirer un bénéfice personnel. Si le parcours politique qui est le mien, avec ses constances et aussi ses incertitudes, venait à s'arrêter demain, j'ai l'intime conviction que ce ne serait pas la fin de ma vie, mais le début d'une autre. Une vie succéderait à la précédente. Mais, en aucune façon, elle ne saurait faire taire mes passions, mes enthousiasmes, mes moments de révolte face à l'arbitraire et à l'inacceptable.

« Soit. Mais alors, es-tu resté un révolté, fidèle à ta jeunesse, ou es-tu devenu un réformiste, gagné par le réalisme et la modération ? »

Je suis résolument les deux, parce que je suis fondamentalement un démocrate. J'ai l'antitotalitarisme chevillé au corps. Rien ne me révulse plus que l'idée de faire le bonheur des gens malgré euxþ: on sait où cela conduit. Alors il faut discuter, sans relâche, pour convaincre. C'est cela le réformisme. Ce n'est pas la demi-mesure, c'est au contraire la fermeté des convictions, mais la certitude qu'elles ne valent rien si elles ne sont pas partagées. J'ai exprimé cela, naguère, en disant que j'étais libéral-libertaire : c'est assez dire mon choix en faveur de la liberté, celle des individus bien entendu, pas celle des grandes multinationales, dont je ne cesse de demander qu'on les contrôle et qu'on les régule. Les révolutionnaires sont dangereux ou impuissants. Je préfère être convaincant et efficace. Aujourd'hui, je me dirais volontiers radical-réformiste : radical dans les options nécessaires pour remédier à la crise que nous connaissons, et réformiste dans la démarche, car nous ne pouvons pas nous permettre d'échouer.

Je suis donc ces hybrides et ces mélanges, ou plutôt cette tension permanente. C'est pourquoi je repars au combat, avec la certitude que nous traversons aujourd'hui une période cruciale, dont peut sortir le meilleur comme le pire : il est encore temps de décider collectivement de notre avenir, demain, il sera trop tard. La faillite du mode de développement qui a été le nôtre jusqu'ici ne se mesure pas seulement à l'ampleur de la crise financière et de la crise économique que nous connaissons. Elle se vérifie aussi par les oscillations extrêmes du prix du pétrole, les augmentations des prix des produits agricoles qui ont entraîné un début de disette en 2008, manquant de provoquer une des plus terribles famines de ces trente dernières années, par les ravages de la crise écologique, aux menaces du réchauffement climatique, des pollutions, des risques alimentaires, des pénuries sélectives. Tandis que la plupart des gouvernements et des forces politiques classiques, de droite comme de gauche, voire d'extrême gauche, évoquent une relance économique qui se ferait selon les mêmes modèles, il est temps de dire qu'une autre croissance est possible et nécessaire.

Or, pour cela, nous avons besoin de restaurer la confiance entre le monde politique et les citoyens. Les réticences envers la construction européenne ont cristallisé une défiance, mais il s'agit d'un phénomène plus général. Certes, pour une bonne part, les élites actuelles en place ont une énorme responsabilité dans cette crise de confiance : certains se sont comportés en accapareurs, mus par leur seule cupidité, d'autres font preuve du plus violent cynisme, tous regardent ceux d'en bas avec un mélange de mépris et de compassion.

Une autre issue est possible : il nous faut retrouver des formes de liens dans lesquels nous puissions avoir confiance. Cela veut dire aussi des institutions qui garantissent cette confiance. La police, la justice sont discréditées par des pratiques arbitraires. D'un côté, l'État attise les peurs, de l'autre, il menace, use de violence contre toute dissidence. Le combat pour les libertés individuelles est intimement lié au combat pour une autre société, plus fraternelle, plus équitable et plus respectueuse de l'environnement. C'est pour cela que j'ai écrit ce livre.

Parce que j'ai la conviction qu'on peut changer les choses, et que l'Europe est la bonne échelle pour conduire ce changement.

I

Le défi européen de l'écologie politique

Mon itinéraire politique

Depuis près de trente ans, l'écologie politique représente pour moi la meilleure réponse aux défis de nos sociétés toujours plus incluses dans un espace planétaire global. J'entends l'écologie politique dans son sens le plus large : une pensée perpétuellement enrichie par le développement de nos connaissances sur les relations de l'homme à son environnement et des individus à la société, et également une pratique politique régie par les principes fondamentaux de cette pensée. La force de l'écologie politique, c'est d'abord sa volonté et sa capacité d'interagir en conscience aussi bien à l'échelle globale qu'à l'échelle locale, de représenter et d'intervenir dans l'ici et maintenant en gardant toujours à l'esprit la vie et les droits de l'Autre lointain ; celui qui habite dans une autre région de la planète et celui qui constituera les générations à venir. Cette vision élargie de l'écologie est celle qui sait articuler pratiques individuelles et conscience collective, et qui prend simultanément en compte ce que Félix Guattari appelait l'écologie environnementale, l'écologie sociale et l'écologie mentale.

Certains m'opposent encore souvent que je ne suis pas un écologiste pur sucre. Mon engagement écologique est pourtant ancien, et quelquefois – c'est sûrement le bénéfice de l'âge – plus ancien que celui de bien des « figures » actuelles de ce mouvement. Il est vrai que, dans la mémoire collective française, mon passé demeure encore systématiquement associé au rôle que j'ai pu jouer, voici plus de quarante ans, lors d'événements, certes importants, mais qui ne durèrent guère plus de quelques semaines. Il n'y a qu'une quinzaine d'années que je suis député européen et c'est surtout depuis mon élection en France en 1999 que cet engagement a pris une certaine visibilité de ce côté-ci du Rhin.

Par ailleurs, mon investissement dans les questions internationales et la défense des libertés civiles dans le monde m'est toujours apparu inséparable de mon implication dans les luttes antinucléaires et écologiques. Je suis en effet un écologiste atypique au regard des canons convenus. Mon transnationalisme congénital, renforcé par les aléas migratoires de ma vie, m'a toujours amené, comme le disait dès 1972 le grand biologiste René Dubos, à « penser global et à agir local ». Sauf que je n'ai jamais su ni voulu réduire le sens de l'action politique au local. Bien avant 1968, j'avais déjà la conviction qu'il fallait aussi « agir global » pour espérer influer politiquement sur le cours des choses. Dans les années 1960, il était en effet clair pour moi que ce qui se jouait derrière les soulèvements étudiants dans plusieurs régions de la planète représentait quelque chose de plus vaste sur le plan sociétal, culturel et donc politique que de simples revendications se rapportant au statut de la jeunesse de l'époque.

Avant 1968, j'ai eu la chance de voyager aux États-Unis, de voir en action le mouvement pour les droits civils et contre le racisme, d'assister à l'émergence de la mobilisation sur les campus universitaires contre la guerre du Vietnam et de découvrir aussi l'impact du mouvement hippie. J'ai été frappé par ce désir de dizaines de milliers de personnes d'expérimenter d'autres formes de vie plus communautaires et plus soucieuses du rapport de l'homme à la nature. Cette découverte de la contre-culture américaine m'a marqué au même titre que la lecture de Wilhelm Reich, Herbert Marcuse et des autres penseurs de l'époque. À ce moment-là, on ne parlait pas encore véritablement d'écologie, mais ma vision du monde, déjà fortement empreinte de la pensée antiautoritaire et de la culture libertaire, s'en est trouvée profondément affectée. C'est en partie ce qui explique mon atypisme par rapport à mes amis en 1968 et le fait que ma parole ait eu davantage d'écho que celle des autres « figures » de la contestation. Une autre rencontre va aussi influer significativement sur mon passage à cette « seconde vie politique » que sera ensuite l'écologie : c'est celle que je fais en 1967 avec le mouvement Provo d'Amsterdam. Amsterdam, bien plus que Londres, était, en Europe, le véritable berceau de la nouvelle contestation ; une sorte de pendant de ce qui se déroulait au même moment à San Francisco. On peut dire aujourd'hui, avec le recul de l'histoire, qu'il s'agissait vraisemblablement du premier groupe écolo-activiste des années 1960. Ils prônaient une transformation radicale du cadre de vie urbain, notamment à travers la réappropriation de la ville par les cyclistes et en s'opposant à la toute-puissance de l'automobile. Leur opération « vélos blancs » fut reprise plus tard par la municipalité où certains de leurs amis étaient entrés en force par la grâce d'une élection où ils firent un gros score. Cette mise à disposition gratuite d'une armada de bicyclettes participa à une transformation des rapports sociaux entre les habitants et elle a indiscutablement inspiré les nombreuses initiatives qui ont fleuri ces dernières années dans plusieurs villes françaises et européennes.

Cependant, les idées écologistes demeuraient totalement inconnues des milieux contestataires, en France, dans l'avant-68, et même pendant les deux années qui suivirent les événements. Très rares étaient ceux qui avaient lu Jacques Ellul ou Bernard Charbonneau, et leur critique de la technique et de la société automobile était ignorée du milieu étudiant insurgé de l'époque. Le Mai français, différemment de ce qui se passait en parallèle sur les campus américains, demeurait encore inscrit dans une mémoire relativement passéiste du mouvement ouvrier. D'une certaine manière, on peut dire que c'est l'échec révolutionnaire de Mai 68 qui, dans ce pays, a ouvert la voie aux idées écologistes, mais aussi régionalistes, féministes et tiers-mondistes. En mai, la France contestataire était accrochée au mythe du Grand Soir, et le fait que le régime gaulliste ait un instant vacillé en encouragea plus d'un à persister dans cette idée. Quand je relis *Le Gauchisme. Remède à la maladie sénile du communisme*[1], livre que j'écris avec mon frère Gaby alors que je suis en Allemagne, dans la foulée de mon interdiction de séjour en France, je suis frappé par la langue de bois que nous véhiculons au lendemain des événements. On peut certes, en filigrane, y trouver les prémices de notre intérêt pour l'écologie : nous reprenons notamment la critique de la science opérée par les treize scientifiques de Socialisme ou barbarie ; nous tirons à boulets rouges sur la toute-puissance technocratique qui préside au discours économique du gaullisme ; nous évoquons aussi avec sympathie l'expérience des Provos, mais pour conclure quand même que ces derniers « voulaient seulement changer la vie quotidienne » et que le

1. Le Seuil, 1968.

« changement » voulu par eux n'était que « fragmentaire ».

Ma seconde vie politique

Ma véritable rencontre avec les idées écologistes se fera plus tard, vers le milieu des années 1970, avec la lecture d'André Gorz, en particulier de ses articles publiés par *Le Nouvel Observateur* sous la signature de Michel Bosquet. Je garde en mémoire un de ses papiers paru en 1974, peu de temps avant l'investiture officielle de Giscard à la présidence. C'est le premier manifeste de l'écologie politique que je lis. À la même époque, les écrits et les très nombreux échanges que j'ai avec Cornélius Castoriadis, Claude Lefort et Edgar Morin seront pour moi déterminants. Je dois beaucoup à Edgar Morin, à sa vision du monde, à son regard sur la complexité de nos sociétés et, naturellement, à sa réflexion sur l'écologie et sur l'Europe. C'est lors de son séjour en Californie, à la fin des années 1960, que ses amis de Berkeley ont éveillé sa conscience écologique. Edgar n'a cessé, depuis, d'approfondir la réflexion dans ce domaine, avec une volonté d'élaborer une « nouvelle politique de civilisation » qui vise à « remettre l'homme au centre de la politique, en tant que fin et moyen, et à promouvoir le bien-vivre au lieu du bien-être ». Je ne peux que partager une telle approche qui n'est naturellement pas celle du mauvais plagiat qu'a pu en faire récemment Sarkozy sous la plume de Guaino.

Mes premiers engagements dans le combat écologiste coïncident avec la montée des manifestations antinucléaires en Allemagne, pendant la seconde moitié des années 1970. Les mobilisations outre-Rhin ont débuté plus tardivement qu'en France, où les premières centrales nucléaires dataient des années 1960 et où, surtout, le plan Messmer de 1974 avait, de manière très autoritaire, accéléré leur construction. J'ai vécu les années qui ont suivi Mai 68 à Francfort : je reste durant cette période profondément attaché à la France, alors que l'interdiction politique de m'y rendre m'incite davantage à m'investir dans le débat allemand. Je passe donc assez largement à côté de ce qu'ont pu représenter, pour l'écologie politique dans l'Hexagone, la mobilisation contre l'extension du camp militaire du Larzac et la candidature de Dumont à la présidentielle de 1974. En revanche, à partir de 1977, date à laquelle a lieu la grande manifestation internationale contre le surgénérateur de Creys-Malville et où un manifestant est tué par les forces de l'ordre, je m'implique davantage dans les questions écologiques. La violence qui entourait le mouvement antinucléaire à l'époque nous a imposé une extension de notre réflexion politique. Il ne s'agissait pas de renier l'activisme, mais de développer aussi des formes d'intervention dans l'espace public qui ne nous coupent pas du reste de la société. L'année précédente, j'avais participé à la création d'un journal alternatif à Francfort, *Pflasterstrand*[1], journal dont j'ai assuré la direction jusqu'en 1984. Au même moment, je m'implique beaucoup dans la lutte contre l'extension de l'aéroport international de Francfort. À l'instar des éco-activistes anglo-saxons, nous sommes nombreux à occuper les arbres, mettant sur pied un véritable village perché dans la forêt toute proche qui est menacée par le projet. À la fin des années 1970, quand les premières listes écologistes se présentent aux élections locales en Allemagne, Francfort est, avec Berlin et Hambourg, une des places fortes de la contestation libertaire et écologiste. La scène alternative locale regroupe plusieurs milliers de personnes qui cher-

1. Littéralement, « paveplage ».

chent à expérimenter d'autres modes de vie et de consommation, allant de la diffusion de la nourriture bio à l'ouverture en nombre de squats et de centres sociaux autonomes, en passant par la création de tout un tissu de petites entreprises autogérées.

À ce moment-là, à Francfort, nous avons eu un grand débat interne pour savoir si on devait ou non rejoindre le parti des Verts (*Grünen*) en formation. J'étais pour, mais Joschka Fischer était contre. Le mouvement était encore très marqué par le discours anti-parlementariste, et la crainte était forte que le parti soit rapidement frappé des mêmes atavismes que les autres formations politiques. En 1983, les *Grünen* font leur entrée au Bundestag avec vingt-sept sièges, dont Joschka, qui avait fini par rejoindre le parti en 1982. Ma réticence libertaire à m'engager dans la politique institutionnelle m'avait tenu à l'écart des *Grünen*, jusqu'à ce que je me transforme de libertaire écologiste en écologiste libertaire, et que j'entre enfin dans ce parti en pleine ascension, mais en proie à de vives divisions entre « fondamentalistes » (*Fundis*) et « réalistes » (*Realos*). En cohérence avec nos choix, Joschka et moi nous engageons du côté des *Realos*, en publiant, non sans ironie, un manifeste intitulé « *Für eine Realpolitik* » (« Pour une Realpolitik »). Nous militons aussi activement pour que les Verts, au parlement de Hesse, bâtissent une coalition avec le Parti social-démocrate. La stratégie « réaliste » des *Grünen* va conduire les écologistes allemands à d'importants succès électoraux (8,3 % des voix et quarante-deux sièges en 1987, 7,3 % et quarante-neuf sièges en 1994, 8,6 % et cinquante-cinq sièges en 2000…) qui feront d'eux le plus puissant parti écologiste en Europe. De 1998 à 2005, nous formons, au niveau fédéral, un gouvernement d'alliance avec les sociaux-démocrates, en disposant de plusieurs ministères-clés. Si, sur le fond, je suis favorable à la présence des Verts dans une coalition gouvernementale – sur la base, naturellement, d'un accord préalable concernant le programme à mettre en œuvre –, j'ai toujours eu, en raison de ma culture libertaire, une forte appréhension quant à l'idée de participer personnellement à l'exercice du pouvoir. Je ne serai jamais ministre et je n'ai jamais souhaité le devenir. La seule exception que j'ai faite à mon refus de m'engager dans l'exécutif, ce fut, comme je l'ai déjà évoqué, au niveau local et sur un mandat bien particulier d'adjoint au maire chargé des affaires multiculturelles, de 1989 à 1994, à Francfort. Je me suis assez honorablement, je l'espère, acquitté de cette tâche, en m'investissant pleinement dans un enjeu à mon sens indissociable de toute approche sérieuse de l'écologie politique. Ce n'est qu'en 1994, à l'orée de la cinquantaine et après un parcours politique déjà long, que j'ai accepté de me porter candidat aux élections européennes sur la liste des *Grünen*. J'ai été élu, puis réélu en 1999 sur les listes, cette fois-ci, des Verts en France. La suite, jusqu'à aujourd'hui, est mieux connue du public. Avec le recul, je suis convaincu qu'il ne pouvait y avoir de responsabilité élective plus appropriée à mon parcours et à mes convictions que d'être un député au service d'un projet aussi enthousiasmant que le projet européen, que d'être également un parlementaire transnational attaché à une cause aussi essentielle que celle de contribuer à dessiner les contours d'une société libre et écologique.

Richesse et diversité de l'écologie politique

J'ai bien conscience qu'il ne s'agit là que d'un cheminement personnel qui n'a pas nécessairement pour vocation, à lui seul, d'éclairer toute la diversité et la richesse de la culture politique écologiste. C'est pourquoi, et sans prétendre en dresser un tableau exhaustif, je souhaite revenir sur ce qui me semble essentiel dans la construction de cette culture ; la seule qui soit parvenue, au cours du demi-siècle écoulé, à jeter les bases d'une alternative aux grandes idéologies du passé.

Si les fondements de l'écologie scientifique datent de la seconde partie du XIXe siècle, ses modes d'incarnation politique sont beaucoup plus récents et ne remontent guère qu'à quatre ou cinq décennies. Il est important de rappeler que les premières manifestations publiques de la conscience écologique, à la fin des années 1950 et durant une partie des années 1960, n'étaient pas prédestinées à s'incarner dans une culture « de gauche » ou une culture qu'on pourrait qualifier de « progressiste ». La preuve en est qu'il existe encore aujourd'hui des groupes politiques, certes très minoritaires, se revendiquant de l'écologie et qui développent pourtant des thèses très conservatrices – voire parfois ouvertement réactionnaires – sur le plan politique, social et culturel.

Ainsi, les premières mobilisations d'importance en faveur de l'environnement et de la création de grands parcs naturels en Amérique du Nord (un courant connu sous le nom de « conservationnisme ») s'appuyaient au départ sur une représentation de la relation de l'homme à la nature et à la vie sauvage (*wilderness*) souvent ambiguë. De nombreux Américains prolongent encore aujourd'hui cette ambiguïté, entre une nature à préserver et une sauvagerie à maîtriser, comme l'illustre superbement le film *Délivrance* de John Boorman, réalisé en 1972.

Un peu plus tard, toujours aux États-Unis, ont commencé à se développer de nombreuses mobilisations locales, dans les périphéries résidentielles des grandes villes, en opposition à la construction de certaines installations industrielles ou infrastructures générant pollutions et nuisances pour les populations environnantes. Appelées « Nimby » (acronyme de *Not in my backyard*, « Pas dans mon jardin »), ces mobilisations traduisaient une conscience écologique confuse et intermittente, souvent limitée au champ des intérêts personnels des riverains de ces installations. Il s'agissait, en effet, moins de contester une politique de croissance industrielle et urbaine sans contrôle que de souhaiter le déplacement des implantations polluantes vers d'autres zones et d'autres populations du pays. Toutefois, la multiplication de ces protestations locales sur tout le territoire a également eu pour effet de susciter des interrelations et des formes de solidarité entre ces phénomènes dispersés et spécifiques de contestation, favorisant progressivement une prise de conscience écologique et politique plus ample et plus développée. Avec l'appui de certains scientifiques, observateurs privilégiés des méfaits d'une croissance débridée, un courant environnementaliste fort a su ainsi émerger, en trouvant une base citoyenne active, et donner une signification plus politique à l'écologie.

Mais la véritable naissance de l'écologie politique ne va s'opérer, à mon sens, qu'à partir de la seconde moitié des années 1960 aux États-Unis et au début des années 1970 en Europe, avec la rencontre entre les idées environnementalistes et les nouveaux mouvements en faveur des droits et des libertés, issus de la culture des campus et des révoltes estudiantines. Au début, l'écologie a fait figure de parent pauvre au sein de cette incroyable vague de protestation, en dépit de son rôle important dans le déclenchement de certains temps forts de la contestation, comme l'occupation de la Columbia University, en 1968, ou la création du People's Park à Berkeley, en 1969. Le discours révolutionnaire et la tonalité marxisante qui prédominent à l'époque se plaisent, quand ils en tenaient compte, à décrire la question écologiste comme un enjeu secondaire. La déliquescence rapide du gauchisme et l'élaboration progressive d'une véritable pensée politique de l'écologie – notamment sous l'impulsion de théoriciens venus de la gauche radicale américaine comme Murray Bookchin, le fondateur de l'écologie sociale – vont permettre, dans les années 1970, de jeter des ponts avec le féminisme, la lutte pour les droits des minorités et des peuples autochtones, le régionalisme, l'antimilitarisme et la promotion de l'autogestion. Carrefour de ce qu'Alain Touraine a appelé les « nouveaux mouvements sociaux », l'écologie politique trouve alors dans les pratiques activistes, en marge des formations politiques traditionnelles, une incarnation « mouvementaliste » qui va la rapprocher du courant alternatif qui se développe notamment en France, en Allemagne, en Angleterre ou en Belgique. Le recours massif à l'action directe non-violente, à la désobéissance civile, à l'obstruction populaire, à la guérilla juridique ou au boycott peut être interprété comme une forme de pragmatisme et un souci d'efficacité face au verrouillage dont le système politique faisait preuve à l'époque.

La dynamique du mouvement a soudainement été accélérée par la réaction d'une partie importante de la société au développement de programmes assez démentiels de construction de centrales nucléaires dans la plupart des pays développés, qui prétendaient répondre durablement aux chocs pétroliers et à la crise énergétique. Le combat contre le nucléaire civil a joué, et continue encore aujourd'hui de jouer, un rôle moteur dans l'activation de la mobilisation écologiste. Le grave accident de Three Mile Island aux États-Unis en 1979 et, surtout, la terrible catastrophe de Tchernobyl en Ukraine en 1986 ont tristement confirmé les inquiétudes face à ce mode de production d'énergie électrique dont la menace la plus forte pour l'environnement reste à venir, avec la question toujours non résolue du retraitement des déchets sur le très long terme. Au-delà du problème de la prolifération du nucléaire civil et des risques pour la sécurité au niveau mondial, il ne faut cependant pas négliger l'importance qu'ont également eue, dans l'implication écologiste à l'échelle transnationale, les marées noires récurrentes liées au transport par mer de millions de tonnes de pétrole, la prise de conscience de la dégradation massive de la couche d'ozone et du développement du phénomène des pluies acides durant les années 1980, les conséquences notables de la déforestation de la planète dans les années 1990 et, plus récemment, les effets de l'industrialisation et de la surconsommation énergétique en matière de changement climatique.

Ainsi, et parallèlement à l'intense activisme écologiste de terrain qui s'est propagé à partir des années 1970, sont apparues ces formes de mobilisation, peut-être moins politiques, mais plus organisées, que sont les grandes associations et ONG écologistes. Greenpeace, fondée en 1970 à Vancouver, est certainement la plus connue, mais le phénomène n'a cessé de prendre de l'ampleur au cours des trois dernières décennies, en particulier dans les pays où les partis écologistes peinent à trouver une représentation politique significative. Sans renoncer à des formes d'activisme assez spectaculaires, les grandes associations et ONG écologistes parviennent, grâce à leur dynamisme au sein de la société et à la reconnaissance de leur utilité publique, à disposer de moyens matériels importants, leur permettant de se doter d'une formidable capacité d'expertise (et de contre-expertise), et à susciter l'adhésion de dizaines de milliers de citoyens. Si leur objet – la défense de l'environnement – est, à mon sens, bel et bien de nature politique, leur position institutionnelle les éloigne de véritables prises de parti sur l'échiquier électoral.

J'en arrive évidemment à ce troisième pilier de l'écologie politique que représentent les partis écologistes. Ils sont apparus plus tardivement dans le paysage public. Si on exclut le cas de la candidature de René Dumont à la présidentielle française de 1974, ce n'est qu'à partir de la seconde moitié des années 1970, et à l'échelle uniquement locale, que des listes se revendiquant de l'écologie ont commencé à fleurir dans différents pays européens. L'obtention des premiers élus municipaux ou régionaux se fit en opposition radicale aux pouvoirs en place et sans établir d'alliance avec les partis classiques d'opposition. Au début des années 1980, ces formations décident, dans certains pays, de se présenter aux élections nationales. En Belgique, Agelev et Ecolo parviennent, dès 1981, à conquérir cinq sièges de députés. En 1983, en Allemagne, c'est au tour des *Grünen*, un an après leur congrès fondateur, de faire une entrée en force au Bundestag. Les partis écologistes qui se créent à cette époque se définissent comme « anti-système » et l'esprit « mouvementaliste » y demeure très enraciné. En France, ce n'est qu'en 1984 que les Verts deviennent une formation politique nationale, en regroupant plusieurs organisations déjà bien implantées régionalement. Marqués par leurs liens étroits avec les mouvements sociaux qui se sont développés dans la foulée de 1968, la plupart des partis Verts ne tarderont cependant pas à passer des accords électoraux avec d'autres partis de gauche. Au seuil du nouveau millénaire, plusieurs de ces formations parviennent, grâce à leurs performances électorales et leurs alliances politiques, à faire leur entrée dans des gouvernements nationaux (Finlande en 1995, Italie en 1996, France en 1997, Allemagne en 1998, Belgique en 1999). Mais, depuis 2001, il faut reconnaître que nombre de ces partis connaissent des déconvenues électorales. Aux États-Unis, après avoir réalisé une première percée électorale avec Ralph Nader comme candidat à la présidentielle de 2000, le *Green Party* s'est par la suite effondré car beaucoup de grandes associations environnementales lui ont retiré leur soutien.

Si la participation des Verts à certains gouvernements a indéniablement permis l'adoption de nouvelles lois de protection de l'environnement et l'obtention de nouveaux acquis en matière de droits écologiques et politiques, en particulier le moratoire nucléaire négocié par les Verts allemands avec une perspective de sortie dans les trente ans, le bilan global reste encore insuffisant. La raison de cette situation, à mon sens, est double. Il serait malvenu de ma part de critiquer la démarche partisane d'une partie importante de l'écologie politique. Les partis Verts nationaux sont les seules organisations écologistes à avoir une vision véritablement élargie de l'écologie en tentant d'intégrer dans leur approche les questions économiques, sociales, diplomatiques, institutionnelles et culturelles. Elles s'inscrivent pleinement dans la logique des règles démocratiques en se soumettant régulièrement au jugement des électeurs. Je trouve cependant que, au fil du temps, les liens de ces partis avec les autres acteurs de l'écologie dans la société civile se sont distendus, alors que nous sommes précisément à un moment où il est plus que jamais indispensable de nous concerter pour fédérer nos efforts. La myriade d'initiatives activistes sur le terrain, les grandes associations et

ONG environnementalistes et les formations politiques vertes agissent trop souvent en ordre dispersé. La seconde insuffisance de l'écologie politique aujourd'hui vient de ce qu'elle manque encore d'une véritable capacité à agir dans un espace transnational. C'est d'autant plus une nécessité en Europe que la fragmentation nationale du pouvoir politique ne correspond pas à la réalité continentale, et même intercontinentale, des problèmes qui se posent à nous. En 2002, et après plusieurs années d'efforts, nous avons enfin constitué un Parti vert européen qui fédère l'ensemble des partis Verts de l'Union européenne. Cette année, nous nous présentons aux élections européennes avec un cadre de campagne cohérent et homogène, et notamment un « Manifesto » qui tente de fixer les objectifs de notre action au Parlement européen. Nous sommes aussi à l'initiative d'un projet de réforme des modalités d'élection des députés européens qui devrait permettre, en 2014, aux électeurs de chaque pays de voter à la fois pour des listes nationales et pour des listes véritablement européennes. Si, sur les questions européennes comme sur les questions environnementales et sur les libertés civiles, nous sommes en avance sur l'ensemble des autres formations politiques, le travail qui reste à faire est considérable, et je me désole parfois quand je vois certains de mes amis politiques – par négligence ou pure tactique politique – rester attentistes devant l'urgence de nous organiser à une autre dimension.

L'action en faveur de l'écologie se heurte enfin à un autre genre de difficultés. Dans une société aussi complexe que la nôtre, la mise en œuvre de politiques opérationnelles en matière d'environnement est souvent délicate et appelle parfois à de difficiles arbitrages entre des propositions relevant toutes, mais à des niveaux différents, de ce même registre. Ainsi, le développement du réseau TGV a souvent vu s'opposer des associations environnementalistes contestant son tracé, son impact sur la nature et sur le paysage, et certains mouvements écologistes jugeant ce type de transport en commun franchement préférable au renforcement des infrastructures autoroutières et à l'extension du trafic aérien. Dans l'absolu, l'idéal écologique consisterait naturellement à réduire singulièrement le volume extravagant de transports engendré par le mode de vie actuel. Mais une radicalité écologiste incantatoire dans ce domaine peut facilement virer au dogmatisme et engendrer des conséquences sociales redoutables en l'absence de mesures progressives de redéploiement. On en revient encore à ce que j'entends par la nécessité d'un réformisme radical et d'une vision large de l'écologie politique, qui sache organiser le débat démocratique pour définir les meilleurs compromis possibles sur ces questions délicates.

Le « greenwashing » des forces politiques traditionnelles

Les défis qui se posent actuellement à l'écologie politique ne sont peut-être rien – ou si peu – face à l'ampleur des défis écologiques qui se posent à nous tous. Vouloir refonder l'écologie politique dans une dimension proprement européenne peut sembler inutile à certains, tant les dirigeants politiques et les autres formations paraissent avoir progressé dans la perception des problèmes environnementaux. Il est vrai qu'en partant de rien, on peut toujours avoir le sentiment d'une avancée significative, notamment depuis qu'une question comme celle du changement climatique est presque unanimement reconnue comme prioritaire.

Confrontées à la prise de conscience massive des opinions publiques, toutes les formations politiques ont en effet commencé à introduire, à dose variable, un soupçon d'écologie dans leur programme. Quitte parfois à opérer – du moins dans le discours – des revirements pour le moins hallucinants. Dans ce domaine, Sarkozy n'est, comme à l'accoutumée, pas le dernier sur la ligne d'arrivée. Personnellement, je porte un regard assez pragmatique sur ce genre de situation. J'entends les discours, et je sais aussi dissocier l'effet d'annonce cosmétique de la mise en œuvre effective. Dans les années 1990, beaucoup d'écologistes aux États-Unis ont raillé l'engagement environnementaliste d'Al Gore. Même si on peut critiquer certaines de ses propositions, on a pu se rendre compte que ce n'était pas du vent, et il faut aujourd'hui admettre combien il a pesé politiquement et intellectuellement sur ce que seront sans doute les choix de l'administration américaine en matière environnementale avec l'élection d'Obama.

Si on prend le cas de Sarkozy, et notamment, du Grenelle de l'environnement et qu'on le passe au filtre tant de la cohérence de ses propositions que de l'efficacité des rares politiques qu'il a engagées dans ce domaine, je crains qu'il n'y ait pas de véritable espoir à avoir. Au fil des semaines, la plupart des mesures annoncées lors du Grenelle se voient, en effet, vidées de presque toute leur substance. Pire, la question du nucléaire qui, d'emblée, avait été écartée des discussions fait, sans concertation aucune avec les associations ni prise en compte des populations, un retour fracassant avec l'annonce, fin janvier, de la construction d'un deuxième EPR [1] et la perspective imminente, au moment où j'écris ces lignes, d'une troisième tranche, unilatéralement décidée par le locataire de l'Élysée !

La gauche et l'extrême gauche sont à peine mieux loties sur le sujet. Leur « découverte » des idées écologistes – et surtout des électeurs qui y sont attachés – conduit parfois à des situations surprenantes qui me laissent assez suspicieux quant à la sincérité de ces nouveaux convertis. Le « verdissage », ces dernières années, des thématiques politiques de la LCR a, à ce titre, de quoi faire sourire quand on se souvient des propos peu amènes d'Alain Krivine à mon égard, dans les années 1990 : « Dany ? Il repeint en vert les chiottes de la maison de Francfort ! […] C'est un talent gâché. »

Même si son incarnation politique est assez évanescente et ses composantes profondément

1. *European Pressurized Reactor.*

hétérogènes, la mouvance altermondialiste ne peut honnêtement pas être accusée de *greenwashing*. Au risque de paraître un peu paternaliste, je dirais que ce courant de pensée est, sous bien des aspects, un des enfants de l'écologie politique des années 1970. Nous sommes en effet proches culturellement et intellectuellement sur plusieurs points majeurs, parmi lesquels un même souci fondamental de préserver la planète, d'humaniser et de rendre équitable les rapports entre les hommes, une volonté résolue d'approfondissement des fonctionnements démocratiques, de mise en œuvre de rapports solidaires entre le Nord et le Sud. Ce n'est pas un hasard si les Verts, de grandes ONG environnementalistes et les altermondialistes se retrouvent, en France et ailleurs, pour agir ensemble sur de nombreux terrains de lutte. Nous partageons des vues identiques sur la nécessité de penser global et sur certaines modalités d'action politique (mobilisation citoyenne, action non-violente et recours, si nécessaire, à la désobéissance civique). Mais je ne dois pas le cacher, j'ai aussi un sentiment d'inabouti politique quant à la démarche de certains courants se revendiquant de l'altermondialisme. La référence assez systématique aux vieux schémas d'analyse marxiste pour expliquer toutes les différences et toutes les divergences au sein des sociétés me paraît vraiment obsolète. L'autre point majeur de divergence entre l'écologie politique et une partie de la mouvance altermondialiste est le regard manichéen porté sur l'Europe et sur les institutions européennes. Trop souvent, la défiance des altermondialistes à l'égard de certaines politiques européennes se traduit par une tentation souverainiste et un repli.

L'écologie est en tout cas à la mode. Et, au-delà du degré de sincérité, l'écologie en politique est, avant tout, une manière de réordonner les priorités de l'action politique dans le temps présent en tâchant de prendre en compte au mieux la complexité des enjeux globaux, c'est-à-dire les questions qui engagent l'avenir de l'humain et de la planète.

La nécessité de rassembler les écologistes

Quand j'ai proposé, voici moins d'un an, à tous les courants de l'écologie en France de nous retrouver pour bâtir une liste forte en vue des prochaines élections européennes, ce n'était évidemment pas par souci de faire un coup de plus sur le triste échiquier politique du pays ni par volonté de prendre notre part du gâteau sous les lambris du pouvoir. Ceux qui suivent ou qui participent à l'activité du groupe des Verts au Parlement européen savent que c'est une implication pleine et entière qui est demandée à nos parlementaires. Si trop d'eurodéputés français des autres formations politiques se rendent aux travaux du Parlement en touristes, ce n'est pas le cas des membres de notre groupe. Notre taux de présence, et surtout notre activité politique intense à Bruxelles, en attestent. Personnellement, et après trois mandats consécutifs, j'ai sérieusement hésité à remettre ça, pour bien connaître l'inconfort des déplacements entre Bruxelles, Strasbourg, Paris et Francfort, où je réside – sans parler des nombreux autres déplacements sur le reste du continent et hors d'Europe. Tout cela est parfois difficile à conjuguer avec une vie personnelle. Si je retourne encore une fois devant les électeurs et que j'incite d'autres à en faire autant, c'est que le moment politique qui vient et l'espace dans lequel il s'incarne – l'Europe – est capital.

Comme nombre d'entre nous, je ne parviens pas non plus à me satisfaire des tristes résultats des Verts lors des récentes élections en France. J'aurais pu me contenter d'une campagne paisible en Allemagne, avec un siège garanti à la clé, mais je ne pouvais me résoudre à envisager un groupe Vert européen amputé d'une composante française forte. On peut toujours invoquer le mode de scrutin inique en usage dans ce pays, le trop faible écho médiatique de nos initiatives, la vivacité de la concurrence politique, mais tout cela ne doit pas masquer l'incapacité du parti Vert actuel – avec ses quelques milliers d'adhérents – à rassembler autour de lui les centaines de milliers de personnes impliquées dans les nombreux groupes, associations ou ONG écologistes de l'espace public français. Un des principes fondamentaux qui ont présidé à la mise en œuvre de la liste Europe Écologie est justement de tenter de combler le fossé qui s'était, au fil du temps, creusé entre les différentes familles écologistes et les différentes modalités d'intervention dans le champ de la société. Aux côtés de représentants des Verts qui officient politiquement à l'échelon local, régional, national ou dans le cadre des instances européennes, nous avons voulu une présence forte d'acteurs écologistes de la société civile, de personnes issues de grandes associations environnementalistes comme la Fondation Nicolas Hulot, Greenpeace, France Nature Environnement et bien d'autres, ainsi que des figures de l'activisme écologiste et altermondialiste qui n'ont jamais pactisé avec le souverainisme et avec lesquelles nous tentons de surmonter la fracture apparue entre le oui et le non au référendum de 2005.

En même temps, nous avons choisi de ne pas restreindre cette ouverture au seul terrain des combats environnementalistes et d'ouvrir nos listes à nos amis historiques des mouvements régionalistes et fédéralistes, ainsi qu'à des personnalités comme Éva Joly, dont la lutte pour la transparence des institutions financières et économiques s'inscrit en pleine cohérence avec notre approche de la société et du renouveau de son fonctionnement démocratique. Mon grand regret est de n'avoir pas réussi à faire que ces listes soient davantage celles de la diversité ethnique et culturelle. En théorie et dans les principes, nous sommes très en avance sur cette question. On frôle même l'unanimité. Mais quand sa propre place est en jeu, on oublie tout. Malgré mes efforts, ce déficit reste une des grandes faiblesses de ces listes. Néanmoins, lorsqu'on regarde le parcours individuel de chacune des femmes ou de chacun des hommes qui ont choisi cette démarche, on est frappé par leur grande expérience du terrain et de l'action à l'échelle transnationale et européenne. Car c'est bien dans cet esprit que doit aussi se construire l'action politique de demain. Le nom même du rassemblement – Europe Écologie[1] – s'est imposé à tous dès le départ comme une évidence. En dépit de nos différences, la dynamique de ces deux mots l'emporte et s'ajoute au plaisir que nous avons à œuvrer ensemble.

La conjonction d'une crise écologique durable et d'une crise économique majeure avec, en toile de fond, une crise sociale qui s'aggrave, oblige aujourd'hui toutes celles et tous ceux qui sont habités par une authentique conscience écologique à se rassembler. Se rassembler non pas pour faire taire nos différences et nos identités sociales et personnelles aussi complexes que légitimes, mais pour agir sur l'essentiel, c'est-à-dire la re-création de la possibilité d'un vivre ensemble soutenable et plus juste.

---

1. www.europeecologie.fr

II

Au carrefour des crises

Nous nous trouvons aujourd'hui au carrefour de plusieurs crises, financière, économique, écologique, et même sociale et politique, qui se déroulent sur des rythmes et des temporalités très différents, du plus ponctuel et spectaculaire (l'effondrement de l'action de General Motors) au plus graduel (le réchauffement climatique). Mais leur conjonction est redoutable car elles s'amplifient mutuellement.

L'effet Titanic de la crise financière

Je n'ai pas de lumières particulières sur la crise financière de l'automne 2008, qui est loin d'avoir fait sentir tous ses effets, mais, comme chacun, je suis frappé par sa rapidité et son ampleur. La panique qui s'est emparée des marchés financiers mondiaux a effacé en quelques semaines la moitié de la valeur capitalisée affichée par ces marchés au début de 2008. Des places financières ont presque disparu de la carte et certains pays, particulièrement dépendants des flux internationaux pour alimenter leur capitalisation boursière, comme la Hongrie ou l'Islande, ont vu leur économie complètement asséchée, pratiquement du jour au lendemain. Avec un effondrement de la Bourse de Moscou et une dévaluation du rouble, la Russie s'est tout à coup rendu compte qu'elle dépendait beaucoup plus du système international et de l'Occident qu'elle ne le pensait et le souhaitait. Certains pays sont touchés en raison de leur endettement auprès des grandes banques occidentales, comme en Amérique latine ou en Europe centrale, d'autres en raison de l'assèchement brutal des crédits à court terme, comme la Turquie ou la Russie… 25 000 milliards de dollars envolés – chiffre astronomique qui représente deux fois la richesse du pays le plus riche du monde et environ huit fois la dette actuelle de l'ensemble des pays en développement. Somme irréelle, à la mesure de l'emballement de la sphère financière pendant les premières années du nouveau millénaire.

Comme chacun sait, cette crise a été déclenchée aux États-Unis par le retournement du marché immobilier et la défaillance des subprimes, ces crédits faciles accordés même aux plus modestes des ménages américains pour acquérir leur logement. La contamination du reste du monde s'est faite en raison de la dissémination de ces créances douteuses dans des titres composites, dont la faillite a provoqué la crise du système financier mondial. Mais cette crise a une origine moins immédiate : au début des années 2000, devant la menace persistante d'un ralentissement durable de l'économie, les autorités financières américaines avaient décidé de poursuivre, sur le long terme, une politique de relance économique pourtant censée n'être que ponctuelle. Des techniques financières sophistiquées ont alors été inventées – celles-là mêmes qui sont à l'origine de la crise actuelle – pour introduire de nouvelles normes comptables (ironiquement, elles devaient rendre le marché plus transparent et éviter des scandales comme Enron et Worldcom). D'autres techniques plus anciennes ont été réactivées, comme la « titrisation », consistant à diluer le risque de créances douteuses dans des créances plus saines, pour permettre à certains pays en développement comme le Mexique de ne pas s'effondrer sous le poids d'un endettement devenu démesuré. Avec leurs taux d'intérêt excessivement bas, les États-Unis sont alors entrés dans une phase de crédit à très bon marché, donc d'endettement massif, avec la bénédiction du pouvoir politique américain et les applaudissements du reste du monde, pour qui la consommation américaine et ses besoins croissants de refinancement constituent des moteurs de la croissance mondiale. Entre 2004 et 2007, celle-ci a effectivement été remarquablement soutenue, avec environ 5 % de moyenne par an, marquant un des cycles les plus prolifiques depuis 1945. Mais cet endettement facile, ce sont les ménages américains qui l'ont contracté, et non seulement ceux à qui leur épargne le permettait, mais bientôt tous les autres, les plus pauvres, les moins solvables, tous ceux dont l'unique richesse était un logement, lui-même acheté avec un crédit gagé sur la valeur de ce logement. Et qui utilisaient ensuite encore la valeur de ce logement, toujours croissante grâce à la bulle immobilière, pour contracter d'autres emprunts et financer une consommation toujours plus à crédit. Sans oublier, bien sûr, l'endettement de l'État américain, que la guerre en Irak a considérablement augmenté.

Ce qui survient demeure relativement difficile à envisager, jusqu'au moment où les relevés bancaires font état des manques à gagner ou de la dévalorisation des biens mobiliers et immobiliers. La crise, jusque-là abstraite, avec ces sommes en centaines de milliards, prend alors toute sa dimension humaine quand de modestes retraités américains doivent retourner sur le marché du travail afin de compenser les pertes qui viennent d'amputer leur pension, au moment où ils devaient enfin jouir de celle-ci. Ou lorsqu'un épargnant français voit son petit pécule, péniblement accumulé au prix de sacrifices sur un salaire moyen, amputé de plusieurs milliers d'euros. Enfin, lorsque des collectivités territoriales – régions allemandes, départements français, communes belges, etc. – se retrouvent asphyxiées par l'absence de crédit pour financer leur trésorerie ou écrasées par une dette composée majoritairement de ces emprunts pourris.

Devant la panique, tout le monde s'est accordé sur la nécessité à court terme à d'insuffler massivement des crédits publics pour recapitaliser des banques qui auraient pu s'effondrer les unes après les autres. Mais les avis divergent sur la nécessité d'une solution à moyen et long terme. Les recettes du néo-libéralisme ont fait faillite, c'est certain. Mais que veut-on dire par là ? S'agit-il d'en finir avec le capitalisme financier ? Pourtant, la distinction entre le « bon » capitalisme productif et le « vilain » capitalisme financier est assez artificielle : l'endettement pour les investissements productifs se fait sur les marchés financiers, le financement des États et des collectivités locales se fait sur les marchés financiers, les retraites (aux États-Unis mais aussi en France, avec le Fonds de réserve des retraites) se financent aussi sur les marchés – derrière les 700 milliards de dollars du plan Paulson et les 800 milliards du plan Obama, il y a les retraites ainsi que les revenus de plus de 50 % des ménages américains, davantage encore que les intérêts des banquiers.

Or cette crise financière accentue un ralentissement de la croissance déjà perceptible, qu'elle a désormais transformé en crise économique et en récession. Plans sociaux, chômage partiel, ralentissement de l'économie, progression rapide du chômage – les mauvaises nouvelles économiques et la dégradation des indicateurs rythment le flux des informations. Les chiffres du chômage ont repris depuis septembre une progression inquiétante qui renvoie aux pires crises que nous ayons connu ces quarante dernières années, et il n'y a aucune raison que cela s'arrange. En France, nombre de PME en sérieuse difficulté attendent de dresser le bilan de l'année écoulée pour procéder à de fortes vagues de licenciements, sans toujours pouvoir éviter de mettre la clef sous la porte.

Encadrer davantage le crédit et mieux contrôler les institutions financières était donc sans doute nécessaire, mais il est indispensable d'accompagner cette action par de véritables plans de relance. Or il est permis d'être sceptique sur ceux-ci, non seulement parce qu'ils ne sont pas vraiment à la hauteur de la situation, comme en France, mais surtout parce qu'ils éludent la question essentielle : quelle croissance désire-t-on ? Une croissance qui développe la propriété individuelle d'une maison particulière, avec un 4×4 devant la porte, et les habitudes d'un mode de consommation coûteux en énergie et qui engendre des nuisances écologiques considérables ? La conjonction de la crise écologique et de la crise économique exige que soit repensée la nature de notre développement.

La crise écologique

Nous traversons ce qu'Alain Lipietz appelle la première crise socio-écologique du capitalisme. Elle est le fruit d'un capitalisme productiviste, prédateur de ressources naturelles (renouvelables ou non) depuis plus de deux siècles. Dérèglement climatique, raréfaction des ressources naturelles, perte en biodiversité : tels sont les trois grandes dimensions de la crise écologique.

La plus emblématique est celle du dérèglement climatique. Dans son quatrième et dernier rapport, de 2007, le Groupe d'experts intergouvernemental sur l'évolution du climat (GIEC), qui regroupe les meilleurs spécialistes mondiaux, reconnaît la responsabilité des êtres humains dans les évolutions récentes du climat et son réchauffement. Onze des douze dernières années sont, en moyenne globale, parmi les plus chaudes depuis 1860. Les émissions mondiales de gaz à effet de serre imputables aux activités humaines ont augmenté de 70 % entre 1970 et 2004. L'augmentation du CO_2, l'un des principaux gaz à effet de serre, est essentiellement due à la combustion d'énergie fossile, et son niveau n'a jamais été aussi élevé depuis plus de 500 000 ans. Avec une durée de vie de plusieurs centaines d'années dans l'atmosphère, il affecte le climat sur une longue période. Les effets du réchauffement sont désormais bien connus, certes d'ampleur inégale selon l'importance de la hausse des températures, mais inéluctables : fonte des neiges des hautes latitudes et recul des glaciers, diminution de l'étendue de la banquise, augmentation de l'intensité et de la fréquence des cyclones tropicaux, déplacement vers les pôles de la trajectoire des tempêtes... Le niveau des océans va monter et faire disparaître des îles et des zones côtières habitées, l'eau potable va manquer et la production alimentaire sera insuffisante, dans certaines régions, pour nourrir la population. Cela provoquera un accroissement du nombre de réfugiés climatiques : plus de 50 millions selon une évaluation du Programme environnemental des Nations unies. Le rapport Stern a estimé en 2006 qu'en l'absence de réaction politique, les coûts du changement climatique équivaudraient à une perte de 5 à 20 % du PIB mondial par an, alors que le coût de l'action immédiate ne représente qu'1 % du PIB mondial par an. Face à ce danger, la crise des subprimes s'avérerait presque anecdotique. La réduction massive des émissions de CO_2 est donc une urgence absolue. Les États-Unis d'Obama en sont maintenant convaincus. La Chine aussi a conscience du problème et des responsables chinois sont même venus voir les Verts au Parlement européen en nous disant : « On a besoin de vous. » Ils ont déjà fixé l'objectif de 0 % d'émission de CO_2 à l'horizon de 2012 ou 2015 pour les voitures fabriquées ou importées en Chine.

La raréfaction des ressources naturelles a été rendue visible en 2008, à travers le record du prix du pétrole en juillet. Au-delà des fluctuations de l'offre et de la demande et des stratégies des pays producteurs, nombreux sont ceux qui expliquent, comme Yves Cochet, que nous avons atteint un pic d'extraction du pétrole. D'autres records ont été battus, témoignant d'une insuffisance de l'offre de nombreuses ressources naturelles : l'or, le cuivre, mais aussi les denrées alimentaires comme le blé ou le riz, dont le prix de référence, celui de la Thaïlande, a plus que doublé entre décembre 2007 et avril 2008, provoquant pénuries alimentaires et émeutes de la faim. Les prix ont baissé depuis, mais à la moindre reprise économique, la tension entre l'offre et la demande poussera à nouveau les prix à la hausse. La récession actuelle ne saurait empêcher cette ère nouvelle de rareté des ressources de la planète.

Le système économique actuel surconsomme les ressources naturelles. Si le mode de vie américain était généralisé à l'ensemble de la population mondiale, il faudrait mobiliser les ressources de cinq planètes pour soutenir la croissance chinoise actuelle. Celle-ci nous rappelle que la croissance européenne des trente glorieuses (et d'avant) n'a pu se faire que grâce à une surexploitation des productions minières et agricoles de ses anciennes colonies. Comme l'écrit Jean Gadrey : « Pour l'instant, la banque mondiale des ressources naturelles continue à nous faire crédit, tout en commençant à modifier ses comportements de prêteur dont les actifs sont limités et fondent comme banquise au soleil. Quand va-t-on la recapitaliser pour sauver sa capacité à nous faire vivre ? » La dette financière, quand la volonté politique existe, peut-être effacée : il en est autrement pour la dette naturelle. Nous ne reconstituerons pas le capital naturel comme le capital des banques. Pour le pétrole, c'est déjà impossible : il faut trouver impérativement d'autres sources d'énergie. Pour les ressources agricoles ou maritimes, c'est encore possible, mais il faut reconvertir radicalement nos modes de production.

La crise de la perte en biodiversité est peut-être la plus dangereuse car la plus imprévisible. Nous vivons actuellement la sixième extinction massive des espèces et donc une baisse accélérée de la biodiversité. L'Union mondiale pour la nature a estimé en 2008 le nombre d'espèces menacées d'extinction à plus de 16 000. La destruction des zones naturelles, et particulièrement des forêts primaires d'Amazonie et d'Indonésie, pour les plus importantes, représente une menace majeure de transformation irréversible de notre écosystème. Nous devons aussi inclure le risque de la pollution génétique et des OGM. Personne ne pense sérieusement qu'on a besoin des OGM chez nous : le débat a lieu à propos des pays en voie de développement. La question centrale est celle soulevée par José Bové et Via Campesina, qui n'est pas seulement la question du principe de précaution : il y a besoin aujourd'hui d'une évolution vers la souveraineté alimentaire, d'une agriculture capable de nourrir ses propres citoyens, et cela ne peut se faire avec les OGM. Il y a dans le monde 25 millions d'agriculteurs qui disposent d'une force mécanique, 250 millions d'une force animale et 1,2 milliard qui n'ont ni force mécanique ni force animale et vivent de l'agriculture vivrière. Choisir les OGM, c'est condamner ces gens à la misère et à l'exode rural. Le développement des cultures OGM implique le choix d'une agriculture fondée sur les industries OGM, qui crée une dépendance irréversible. C'est l'équivalent agricole du nucléaire, une réponse technologique qui cumule les problèmes à moyen et à long terme, une fausse réponse à une vraie question.

L'enjeu de cette crise écologique va bien audelà des nécessaires économies d'énergie ou des réductions d'émissions de CO_2, encore qu'il faille les faire et que nous restions pour l'instant très loin du compte. C'est notre mode de développement qu'il faut repenser dans son ensemble et pas seulement dans le champ de la production industrielle. L'agriculture fournit un bon exemple de la nécessité de penser globalement : l'une des raisons de la crise des matières premières agricoles est la réorientation de la production de l'alimentation humaine et animale vers celle des agrocarburants. Ce qu'on économise en pétrole d'un côté se paie en disette alimentaire de l'autre ! C'est donc typiquement une fausse bonne idée, à laquelle il est urgent de renoncer, tout en poursuivant la recherche pour la production d'agrocarburants dits de deuxième génération, issus de la biomasse (déchets végétaux résultent des productions agricoles).

Mais le véritable défi sera de nourrir davantage d'êtres humains (quelle que soit son ampleur, les prévisions des démographes prévoient une augmentation sensible de la population mondiale), avec une alimentation de meilleure qualité, moins de terre, moins d'eau et moins de biodiversité. Équation impossible ? Pas si l'on investit massivement dans la recherche et l'innovation technologique pour inventer une agriculture respectueuse de l'environnement, diversifiée et quantitativement suffisante, selon le rapport 2007 de la FAO, « L'agriculture biologique face au défi de la sécurité alimentaire ». À partir du moment où l'écologie, qui pose les problèmes fondamentaux de la vie, est prise en compte par l'économie, cette dernière change de sens : on s'interroge sur la manière d'organiser notre vie matérielle. Qu'est-ce qu'une économie ? Qu'est-ce que le capitalisme ? Qu'est-ce que la logique de l'économie de marché ? À quoi bon produire plus à un rythme de plus en plus effréné ? C'est précisément cette logique-là qui s'est effondrée.

Il faut en finir avec ce que les économistes appellent « externalisation », qui consiste à sortir les coûts sociaux et environnementaux du PIB pour les affecter en coûts improductifs. L'externalisation, c'est le transfert sur l'écosystème des coûts écologiques et de la dégradation de l'environnement dans le processus de production. C'est le transfert sur les sociétés et les individus des coûts de production (protection sociale, conditions de travail) qu'on ne veut pas assumer. C'est le transfert sur les consommateurs des risques de santé qu'on a refusé de prendre en compte (produits toxiques, etc.).

Je crois que nous devrions toujours avoir à l'esprit ce que souligne le prix Nobel d'économie Amartya Sen : « La liberté individuelle est indissociable de la responsabilité sociale. » Les entreprises et leurs dirigeants ont une responsabilité sociale et écologique. Or, comment se sentir responsable de la société et de la planète quand on gagne l'équivalent du PIB d'un État africain (40 millions de dollars, c'est le PIB du Liberia), ce qui est le cas de certains managers de très grandes entreprises ? L'appât du gain ne doit pas être le seul moteur de la vie économique. Ce n'est pas un hasard si les « parachutes dorés », les dividendes, les primes astronomiques et les très hauts salaires ont fini par devenir les symboles de cette aberration. Les supprimer ne résoudrait ni la crise financière ni la crise économique, mais c'est déjà une façon de réveiller les consciences.

Une crise du mode de développement

C'est donc bien de la crise d'un modèle de développement et d'un compromis social qu'il s'agit, au-delà de la crise financière et même de la crise économique. Peu d'intellectuels ont su anticiper cette convergence des crises, à la fois financière, économique et écologique, et en voir les liens. André Gorz est l'un de ceux-là, notamment dans le dernier article qu'il a publié peu de temps avant sa mort, « La fin du capitalisme a déjà commencé ». Cette crise, singulière et inédite, marque la fin du double modèle fordiste et néolibéral.

Le compromis fordiste qui a régné de 1945 à 1975 avait articulé un cycle de croissance économique autour d'un type de production (la production industrielle), d'un mode de vie (la consommation de masse de biens standardisés), d'un partage des richesses entre capital et travail et de formes diversifiées de sécurité collective (sécurité sociale, mais aussi services sociaux et services publics). De même le modèle néolibéral mis en place progressivement à partir du début des années 1980 aux États-Unis et en Grande-Bretagne, puis étendu à presque toute la planète, proposait de libéraliser les marchés et marchandiser l'ensemble des sphères de la vie pour générer de la valeur, de baisser massivement les impôts, de déréguler les cadres collectifs (de production et de protection), d'individualiser et de solvabiliser la quasi-totalité des demandes sociales possibles (donc, bien au-delà des biens, celles d'éducation, de santé et en général de bien-être). Ainsi, les États-Unis ou la Grande-Bretagne ont fait du crédit un instrument facile de compensation de l'abandon des politiques keynésiennes de redistribution. Cette orientation est directement responsable de la crise que nous connaissons. La modération salariale et la précarité croissante qui l'accompagne n'étaient soutenables qu'à la condition d'un accès facilité au crédit, avec une inflation jugulée et des taux d'intérêt bas. C'est devenu un classique des politiques néolibérales de dire aux gens : « Endettez-vous pour pas cher, vous payerez moins demain ! » Évident pour l'achat d'un logement, d'une voiture, mais même aussi pour la consommation courante, ce recours au crédit touche désormais des secteurs aussi stratégiques pour l'avenir de nos enfants et le futur de nos sociétés que les études et la formation. On a restreint ainsi de plus en plus l'accès gratuit à l'enseignement universitaire. L'idée centrale de ces politiques est de permettre une satisfaction individuelle et marchande des besoins collectifs, en espérant que, peut-être, le bien commun en résultera. À l'économie sociale de marché a ainsi succédé une économie marchande du social.

Or, non seulement il nous faut rompre avec le dogme néolibéral, mais plus profondément aussi avec les hypothèses qui avaient sous-tendu le compromis fordiste : celle de la gratuité et du caractère inépuisable des ressources énergétiques, mais aussi les disciplines collectives et anonymes de la société de masse, auxquelles nul n'aspire à revenir. Le changement qui nous attend est donc d'une autre ampleur que celui des années 1970. Il nous faut changer notre mode de consommation et de production en privilégiant le soutenable contre l'irresponsable, le durable contre le jetable, le recyclable contre le stockage des déchets, le qualitatif contre le quantitatif.

Au carrefour des crises, un symbole : l'automobile

Pas de meilleur exemple de ce changement de monde que l'automobile. Fruit de la deuxième révolution industrielle, emblématique de la modernité économique, sociale et culturelle, l'automobile est plus qu'un symbole : c'est un condensé de l'histoire de la modernité occidentale, de ses succès comme de ses impasses. C'est d'abord une industrie conquérante, née de la passion et de l'ingéniosité d'une poignée de bricoleurs de génie, d'ingénieurs originaux ou d'industriels malins et visionnaires. C'est une industrie cardinale et stratégique, dont la technologie et le développement se sont étendus à d'autres secteurs et dont dépendent aujourd'hui des pans entiers de l'économie industrielle et tertiaire. C'est le laboratoire de la production de masse, avec ses concentrations gigantesques de travailleurs. C'est historiquement aussi un des moteurs de la démocratisation et des grandes conquêtes sociales, de la puissance du mouvement ouvrier au XXe siècle : l'usine de Billancourt rythme les grands mouvements de grève de 1936 ou de 1968, l'influence des syndicats de travailleurs de Ford ou de General Motors accompagne les premières grandes conquêtes sociales du New Deal rooseveltien. C'est enfin un nouveau mode de vie qui a fait irruption dans nos sociétés : l'arrivée du véhicule individuel a complètement bouleversé les villes et l'urbanisme, changé les modes de consommation, accompagné le développement des loisirs et du tourisme, permis l'émancipation et la liberté des individus, notamment des femmes ou des jeunes, et porté un message d'esthétique du mouvement et de la vitesse jusque dans l'art.

Aujourd'hui, l'automobile est dans une détresse croissante : « deux pour le prix d'une », des concessionnaires acculés par la crise qui frappe aussi bien les constructeurs et les clients se retrouvent à solder les modèles. Au lieu d'un 4x4 polluant, on peut partir aussi avec un petit véhicule moins gourmand et moins polluant. Le gouvernement français met en place des dispositifs coûteux de primes à la casse pour maintenir des flux de consommation devenus aléatoires, sans voir la relative contradiction avec la prime Borloo qui taxe les automobiles polluantes. Prisonnière de son modèle de développement, cette industrie est toujours aussi stratégique, mais désormais comme un fardeau en forme de carcasse plutôt qu'un moteur. La balance commerciale de la France est devenue ainsi, pour la première fois de son histoire, déficitaire dans ce secteur.

L'Union européenne représente 34 % de la construction automobile dans le monde. Elle produit environ 19 millions de véhicules par an, et près de 12 millions de familles dépendent directement ou indirectement des emplois dans cette activité qui représente près de 360 milliards d'euros de revenus, en taxes et impôts divers, pour les États-membres. En France, en Allemagne, dans les pays d'Europe centrale, en Espagne, les constructeurs et les nombreuses entreprises sous-traitantes sont sévèrement touchés – et la chute des chiffres de vente est spectaculaire. Comme le sont déjà les chiffres du chômage liés au recul de la production.

Alors, c'est évident, il faut sauver l'industrie automobile comme il fallait sauver le système bancaire, cette fois-ci pour éviter un désastre socio-économique. Mais il est légitime aussi d'être furieux contre des dirigeants d'entreprises qui n'ont jamais procédé aux investissements et à la révolution technologique qu'on est en droit d'attendre d'eux ! Qui plus est quand ils s'offrent l'arrogante inconscience de venir en jet privé lors de leur première visite de mendiants au Congrès américain, en décembre 2008… Dans une industrie automobile qui menace d'être notre sidérurgie du XXIe siècle, la capacité à se réformer tient lieu de test majeur pour l'avenir de nos sociétés. L'industrie automobile doit muer, et vite ! La production de voitures peu dispendieuses en énergie et en matériaux non recyclables doit être immédiatement mise en œuvre. Mais au-delà de cette amélioration technique, nous devons repenser la logique du transport individuel pour favoriser des transports collectifs et des circulations douces. Se contentera-t-on de brûler des milliards pour que se perpétue un modèle de production et de consommation condamné, ou bien le courage et l'audace politiques auront-ils raison des réflexes conservateurs ?

En un mot, qui résume la situation de l'automobile, il faut articuler les trois moins (moins d'automobiles, moins gourmandes en énergie, moins polluantes) avec les trois plus (plus de transports en commun et de ferroutage, plus de partage énergétique, plus de confort de vie).

Mais il ne s'agit pas seulement d'innovation technologique et de réorientation de la production. Cette exigence devra s'accompagner d'un immense chantier de formation et de conversion des salariés pour préparer l'avenir et, dans l'immédiat, éviter un drame social. La reconversion récente de l'usine Ford de Blanquefort, en Gironde, en usine de pièces pour l'éolien nous montre que cela est possible. Bien au-delà de la « flexisécurité » évoquée aujourd'hui, la question sociale resurgit dans toute son acuité.

Du malaise dans la société à la crise du social

Car cette crise est aussi, profondément, une crise sociale : montée des inégalités et de l'exclusion, affaiblissement des solidarités, individualisme qui laisse isolés les plus démunis, montée du sentiment d'insécurité sociale. La baisse du pouvoir d'achat et la menace croissante du chômage viennent couronner une situation sociale déjà dégradée.

En France, la révolte des banlieues de 2005 puis la mobilisation exceptionnelle des étudiants en 2006 contre le CPE ont rendu visible d'une part le sentiment d'exclusion croissant d'une frange importante de la société, d'autre part le sentiment de déclassement des classes moyennes qu'on présentait encore comme l'enfant chéri du système dans les années 1980. Alors que la Grèce s'est enflammée cet hiver 2008-2009 sous le coup de la colère de sa jeunesse déclassée et désespérée, on peut craindre que la plupart des sociétés européennes soient très rapidement soumises aux mêmes tensions et aux mêmes contradictions. Je redoute une explosion sociale dans les mois à venir. Déjà en Islande, en Lettonie, en Lituanie, les gens ont marché sur le Parlement.

La précarisation du travail des jeunes s'est généralisée sur les trente dernières années – en France, en Espagne, en Pologne, les taux de chômage des jeunes sont demeurés structurellement très élevés. Ils représentent le double, voire le triple des taux de chômage nationaux. La flexibilisation du marché du travail s'est accompagnée d'un renforcement de sa segmentation, augmentant la pression sur les catégories à la marge. Aujourd'hui, les inégalités de revenus ont reculé d'un siècle ! Pour la France, les 0,01 % des foyers les plus riches ont vu leur revenu réel croître de 42,6 % sur la période

1998-2006, contre 4,6 % pour les 90 % des foyers les moins riches.

Dans l'Hexagone, on assiste logiquement à une montée de la précarité et de la peur d'y sombrer pour les familles qui ne sont pas encore concernées. Alors qu'en 2006 le risque de paupérisation ne concernait au maximum que 13 % des ménages français, 86 % des Français déclaraient pourtant craindre la pauvreté et plus de la moitié redoutaient de devenir SDF. Robert Castel a parlé d'« insécurité sociale » pour caractériser ce décalage croissant entre une société d'abondance et le sentiment de précarité d'une partie de la population. De fait, l'enrichissement du pays n'a pas permis de réduire les inégalités. En 2008, 85 % des Français déclarent craindre la pauvreté pour leurs enfants : voilà la fin du rêve d'ascension sociale.

Le renouvellement du pacte social devient donc indispensable. Il est, à mon sens, impossible d'envisager une véritable écologie politique sans une réduction sensible des inégalités. Pourquoi ? Parce que l'écologie politique repose sur une notion simple : la valeur du futur. Contrairement aux utopies traditionnelles, il ne s'agit pas de sacrifier le présent à des lendemains qui chantent, mais il ne s'agit pas non plus de poursuivre ce modèle absurde dans lequel nous laissons nos enfants et nos petits-enfants porter le poids de nos erreurs de gestion et régler nos dettes écologiques et économiques. La nouvelle écologie politique considère que futur et présent ont une valeur identique, et qu'il est dangereux et immoral de préférer l'un à l'autre. Entre aujourd'hui et demain, l'écologie politique choisit aujourd'hui *et* demain, refusant de sacrifier les parents aux enfants ou les enfants aux parents.

Face à l'augmentation très forte des inégalités internationales et nationales, il faut se rendre à l'évidence : la solution au problème écologique n'est pas la fin de la croissance des niveaux de vie, mais la décroissance des inégalités.

La crise sociale que nous traversons n'est cependant pas seulement une crise de redistribution qui verrait une montée des inégalités. Elle est profondément liée au modèle de développement qui s'est imposé et qui remplace les solidarités collectives par des prestations individuelles : c'est le cas de nombreux services à la personne, garde d'enfants en bas âge ou prise en charge des personnes âgées dépendantes, mais aussi des mécanismes d'assurance sociale. D'un côté, cette évolution est conforme à une exigence de l'individualisme contemporain : nous ne voulons plus de systèmes imposés, qui ne laissent pas ou peu de marge de manœuvre à l'initiative individuelle. Mais d'un autre côté, l'idée d'un remplacement général des solidarités collectives par des mécanismes d'assurance individuelle – comme la doctrine néolibérale tend à le faire – fragilise les individus au lieu de les protéger, comme le fait par exemple la substitution d'assurances médicales individuelles à une sécurité sociale solidaire. Il nous faut inventer un système où les solidarités sont repensées pour être capables de donner des garanties collectives à tous, notamment aux plus démunis, tout en laissant de l'espace à l'initiative individuelle et à la diversité des modes de vie (place des associations de malades, rôle des familles, mais aussi formes spécifiques d'assistance aux personnes isolées). En effet, le ciment d'une appartenance commune (fait de multiples références : nationales, religieuses, etc.) se délite tandis que montent de nouveaux liens, plus individualisés (réseaux, liens communautaires choisis). Il faut donc refonder le lien social sur ces multiples liens interindividuels. Cela exige aussi que soit pleinement reconnue pour sa dimension positive la diversité culturelle de nos sociétés : il ne s'agit pas seulement de respect des personnes, mais d'une exigence collective de solidarité. Ce sont de nouveaux liens, qu'il s'agit de conforter, au lieu de les craindre et de les diaboliser, à condition, bien sûr, qu'ils permettent à l'individu d'être libre.

Le défi politique de la crise

La crise dans laquelle nous venons d'entrer sera longue, car elle est profonde et globale. Elle est à la hauteur de notre aveuglement durable et collectif. Pour sortir de la crise, il faut peut-être sortir du capitalisme… Mais de quel capitalisme et surtout comment ? Le fantasme qui parcourt actuellement une large partie de la gauche et selon lequel nous entrerions dans une phase d'effondrement du capitalisme pourrait, s'il ne m'affligeait pas autant, me divertir un peu. Ce qui s'est produit d'important durant les dernières décennies, c'est la mort du vieux paradigme néolibéral qui prétendait que l'économie de marché générait mécaniquement démocratie et libertés dans une société. Ce qui se passe depuis une quinzaine d'années en Chine et dans bien d'autres pays apporte un triste démenti à cette formule. Je crois même qu'il y a aujourd'hui un risque très sérieux de voir se propager dans le monde une forme de capitalisme autoritaire où les principes du marché se marieraient sans scrupule avec la privation des libertés civiles les plus fondamentales. Si on fait un compte rapide et approximatif, c'est entre le tiers et la moitié de l'humanité qui vit actuellement sous ce type de régime économico-politique.

Je ne suis donc pas de ceux qui, sur un ton provocateur, disent : « Vive la crise ! » J'ai trop conscience de la violence qu'elle fait craindre à chacun, et en particulier aux plus démunis et aux plus précaires. Mais il faut aussi saisir l'opportunité qu'elle représente. La seule vertu d'une crise est d'obliger, si on veut en sortir, à repenser sur un mode différent ; c'est de casser les dogmes qu'on fait peser sur nous comme autant de lois naturelles inamovibles. Devant le danger de volatilisation de nos économies, devant la souffrance sociale et la détresse engendrées par la crise, devant la menace d'une récession aussi grave que celle des années 1930, les plans de relance sont indispensables. Mais pas n'importe lesquels.

III

La société pollen

L'heure est aux plans de relance : soit. Mais ceux-ci sont-ils à la hauteur des enjeux ? Les États-Unis ont réagi avec des remèdes de cheval puisque le plan Paulson et le plan Obama combinés devraient entraîner une dépense de 1 400 à 1 700 milliards de dollars, soit plus de 10 % du PIB américain qui est de 13 500 milliards de dollars. En Europe, on avance timidement des chiffres entre 1,5 et 3 % du PIB européen, qui est de 14 500 milliards d'euros environ, alors que la population européenne est bien supérieure à celle des États-Unis. Les gouvernements des États membres de l'Union ignorent volontairement la complexité des crises combinées et n'ont qu'une idée trop faible de l'urgence devant laquelle ils se trouvent, malgré les faillites à l'islandaise, les risques de banqueroute hongroise, balte, le cavalier seul de l'Angleterre qui laisse sa monnaie se dévaluer… En Allemagne, on a agi très tard. En France, on parle beaucoup et on annonce vite, mais ce qui est fait est dérisoire. Les 26 milliards d'euros du plan de relance concernent essentiellement une accélération d'investissements déjà programmés et des remboursements anticipés aux entreprises, très loin de ce qui est nécessaire. L'absence de coordination européenne est criante et dramatique. José Manuel Barroso se comporte davantage comme le secrétaire général du Conseil des ministres européens que comme le président de la Commission européenne et il va jusqu'à freiner les ardeurs de la Banque centrale européenne, qui est paradoxalement la seule à réclamer une réponse collective. Aucun intérêt commun à toute l'Europe ne se dégage de l'addition des plans nationaux qui, mis bout à bout, peinent à atteindre la moitié de l'effort américain. L'argument des différences structurelles entre les économies de l'Union, même à l'intérieur de la zone euro, est systématiquement invoqué pour empêcher la coordination des réponses économiques. Cette absurdité nous empêche de conduire la grande politique de relance et d'investissement européenne dont nous avons besoin et pour laquelle je ne cesse de plaider, dans les domaines de l'énergie, des transports, de la recherche, de l'éducation, d'un développement industriel tourné vers les chantiers énormes d'une industrie verte.

De la relance à la transformation

Mais la question n'est pas seulement celle de l'ampleur quantitative des plans de relance. Il ne s'agit pas de relancer et de repartir pour un tour avant la prochaine crise. Il faut transformer complètement notre modèle de production, notre façon de voir la croissance, de penser les rapports entre l'économie et la société. Il ne s'agit pas non plus d'étatiser la production économique : il faut la convertir. Convertir notre appareil industriel, changer notre manière de vivre et de consommer. C'est là que je suis à la fois réformiste et radical : contrairement à ceux qui parlent de décroissance absolue, je préfère parler de décroissance sélective. J'ai donné l'exemple de l'industrie automobile : je ne souhaite pas la disparition de la voiture, mais une transformation de l'industrie automobile misant sur l'innovation technologique. Il en va de même du secteur de l'habitat, qui peut et doit développer à grande échelle les techniques de construction mobilisant des matières premières écologiques, usant de modes d'isolement et de chauffage économes en énergie, s'inscrivant dans un urbanisme respectueux du patrimoine naturel et soucieux des contraintes de la vie collective. Les programmes publics de logements sociaux doivent entrer dans ce nouveau cadre, qui vaut aussi pour les constructions individuelles privées, à condition que l'on apporte les aides adéquates (prêts bonifiés gagés sur les économies d'énergie à venir par exemple, mais la palette des aides est considérable). Et bien entendu, au-delà de ces secteurs, nous avons besoin d'investissements massifs dans l'éducation et dans la recherche, mais aussi dans la formation et la reconversion des personnes qu'une telle réorientation de l'économie ne manque pas de nécessiter. Voici, à mon sens, l'orientation de ce que l'on appelle le Green Deal, relance économique verte analogue à celle du New Deal rooseveltien, qui permit de sortir de la grande dépression de 1929, voire plus ample encore.

Soyons cohérents : nous devons non seulement veiller à une production respectueuse des critères environnementaux et économe en énergie mais également concevoir des produits « éco-compatibles » et le moins énergivores possible. Sans oublier l'éducation à des gestes simples – un seul exemple, que je trouve très parlant : laisser les appareils sous tension avec un voyant allumé, c'est l'équivalent d'une tranche de centrale nucléaire par an en France. Et dix fois plus pour les 450 millions d'Européens. Éco-conception des modes de production, des conditions de travail et des formes de consommation, récupération et recyclage : tels sont les nouveaux impératifs. L'emploi vert est un gisement formidable, car il faut tout repenser : les moteurs, la mécanique, la maison, les économies d'énergie, mais aussi la réglementation sanitaire, les transports, l'aménagement du territoire et j'en oublie certainement. C'est d'une nouvelle chaîne industrielle qu'il s'agit ; un processus de développement qui n'aura ni les mêmes lieux, ni les mêmes temps, ni les mêmes éléments que l'industrialisation libérale-productiviste.

Quant au financement, je pense qu'il faut arriver à articuler des financements locaux ou nationaux de projets expérimentaux à un financement européen, encadré par une « Agence européenne pour la transformation de l'économie ». Cette agence aurait pour fonction d'impulser et d'encourager les projets, de concevoir et lancer des programmes, et surtout de veiller à ce que l'argent investi ne soit pas gaspillé et qu'il ne reste pas sans impact sur les mutations industrielles, agricoles et tertiaires nécessaires. Mais il faut surtout impliquer toute la société civile dans le contrôle de ces fonds.

Alors, essayons de concevoir une sorte de labellisation des projets, en impliquant les élus locaux, les associations et les ONG. L'État et les entreprises me paraissent mal qualifiés pour ce genre d'exercice. L'exemple qui me vient à l'esprit est celui du reboisement : pourquoi, au lendemain de la tempête de janvier 2009 dans le Sud-Ouest, une proportion aussi importante d'arbres a-t-elle été dévastée ? Parce qu'on plante des pins – et ce depuis Napoléon III. Le pin et l'eucalyptus sont les deux fléaux du reboisement : c'est ce qui rapporte le plus vite, mais ce sont aussi les essences les plus fragiles. Les ONG disposent d'une expertise reconnue sur tous ces sujets. Et devant l'incapacité de l'État à arbitrer entre certains intérêts privés et l'intérêt de toute la communauté, je pense qu'on doit leur reconnaître un rôle politique. Elles incarnent un véritable contre-pouvoir, porteur d'une certaine vision de l'intérêt général. Finalement, une expertise partagée entre des instances européennes, les ONG spécialisées et les élus locaux permettrait de requalifier l'Europe dans un rôle d'expérimentation environnementale et sociale et lui donnerait une fonction de protection sociale inédite.

La rénovation écologique de l'habitat est un bon exemple de ce que pourrait être un véritable plan de transformation de l'économie. Modifier les modes de construction suppose qu'on fasse aussi évoluer les qualifications des ouvriers du bâtiment, des ingénieurs et de la maîtrise d'œuvre. Dans ce seul secteur, j'estime que l'enjeu est de l'ordre d'un à deux millions d'emplois. Les gisements d'emplois concernés se retrouvent aussi dans l'ingénierie et la conception. Quand il va falloir s'intéresser à la réglementation des micro-particules, dont la toxicité est encore mal connue et maîtrisée, j'ai bien peur, si on ne prend pas immédiatement les devants, qu'on se trouve même en pénurie d'ingénieurs compétents. Alors je crois que de l'emploi, il y en a – et il y en a beaucoup de qualifié et de non délocalisable.

Mais il faut avoir le courage de dire qu'une bonne partie de l'activité industrielle, du moins telle qu'elle existe aujourd'hui, est condamnée dans un futur très proche. Je ne dis pas là qu'il n'est pas légitime de défendre les emplois. Mais je m'inquiète sérieusement qu'on brûle des milliards à sauver des emplois au lieu de mettre en place des plans de transformation radicale de l'activité économique. L'argent doit aussi être consacré à aider les travailleurs à se reconvertir. Pour qu'il y ait une transformation, il faut permettre aux salariés d'augmenter leur niveau d'éducation et de formation, sans que personne ne perde ses revenus, car ils ne sont pas responsables de la faillite de leur entreprise.

Pour répondre à cette hausse spectaculaire de la demande de formation, on pourrait, dans la période de transition, envisager une sorte de revenu de transformation pour les millions de travailleurs de l'automobile et des secteurs industriels les plus vulnérables en Europe, financé par une action redistributive au niveau de l'Union européenne, chose que les institutions européennes savent très bien faire à travers les fonds communautaires comme le FEDER, par exemple. Ainsi, la puissance publique (les États ou l'Union européenne) paierait les salariés de Renault, Volkswagen, Volvo, etc. pour qu'ils apprennent à faire autre chose. En somme, ce qu'il faut, c'est lier le processus de transformation sur le long terme à la gestion immédiate des impacts de la destruction de l'économie matérielle.

Une autre voie sera aussi de s'intéresser au très important potentiel d'emplois socialement utiles – en particulier dans les services aux personnes, si l'on accepte une bonne fois pour toutes de ne pas enfermer les gens dans des catégories de qualifications rigides. Il y a des ressources humaines qui sont autant de qualifications que notre système tayloriste et productiviste a fondamentalement tendance à ignorer parce qu'elles ne rentrent jamais dans les cases qu'il impose.

Nouvelle donne écologique : l'abeille et le tournesol

Le point de vue écologique change ainsi radicalement la vision de la production, de la société, du travail, de la solidarité, des biens et services qu'une société développée doit maintenant se fixer comme tâche urgente de produire. Car toutes ces évolutions doivent obéir à un impératif inconditionnel : sauvegarder le caractère habitable à moyen et long terme, vivable au sens strict du terme, de notre biosphère. Il ne s'agit pas simplement de concilier une vision économique inchangée avec de nouveaux impératifs et des comportements ou des aspirations extra-économiques. Garder la même économie industrielle et faire de l'écologie cosmétique ne mènera à rien. Il s'agit de révolutionner la façon même de concevoir l'économie, l'emploi et les richesses qui en sont issues.

À première vue, cela semble seulement alourdir les coûts de production et j'entends déjà les économistes productivistes et les politiques sans imagination venir crier qu'on assassine l'économie et qu'on condamne les travailleurs au chômage. En réalité, il s'agit de tenir compte des véritables richesses que la population est désormais capable de produire dans ses interactions collectives. Et c'est bien là qu'un raisonnement écologique complet, pariant sur les transformations en profondeur de la société et du capitalisme contemporain, ne débouche ni sur le découragement ou le catastrophisme, mais sur un message d'espoir et de changement.

Pour cela, il faut modifier radicalement les critères classiques de productivité, de rentabilité, de coût, de prix et la conception de la réglementation comme de l'incitation pour les agents économiques. Nous avons besoin de nouveaux indicateurs de richesse, comme le dit Patrick Viveret et, à cette fin, de modifier en profondeur les indicateurs économiques en usage. Le PIB, par exemple, comptabilise des nuisances écologiques ou sociales comme productives, du moment qu'elles sont prises en charge par le secteur marchand classique (les accidents de voiture fournissent du travail aux garagistes, aux carrossiers et aussi malheureusement aux hôpitaux), mais il considère nombre de dépenses de formation comme improductives, alors qu'il s'agit d'un investissement indispensable. Sous l'impulsion d'économistes comme Amartya Sen, les Nations unies ont déjà mis au point un indice de développement humain (IDH) qui inclut le niveau d'éducation, la qualité de vie, la santé… Les instruments statistiques existent donc et il est temps de les mettre en œuvre dans notre manière d'évaluer la richesse.

Paradoxalement, une partie du capitalisme contemporain a entrevu ces « externalités positives » et même tenté d'exploiter les gisements de coopération en réseaux qui s'observent, par exemple, dans la circulation des informations et des connaissances sur le Web. Les entreprises les plus modernes ont recours aujourd'hui à l'intelligence collective qu'elles captent par des techniques appelées *data mining, crowd sourcing,* etc. Cette idée repose sur le constat que la richesse produite aujourd'hui ne se limite plus uniquement à l'espace entre les quatre murs des entreprises et à l'emploi au sens classique du terme. Traditionnellement, l'activité économique est décrite avec une métaphore entomologique : la fourmi travailleuse et épargnante et la cigale jouisseuse et dépensière. J'ai l'impression que la plupart des économistes, en tout cas ceux qui conseillent les princes, ne sont pas vraiment sortis de cette polarité animalière et morale : épargner ou consommer, dans une proportion plus ou moins forte, à l'échelle individuelle ou à l'échelle nationale. Le travail, dans cette optique, est un sacrifice de temps qui ne vaut que pour le revenu qu'il permet d'obtenir et les biens et services qu'il permet d'acheter.

Dans les sociétés humaines comme les nôtres, hautement diversifiées et ayant pris conscience de la complexité et de la fragilité du milieu vivant au sein duquel nous évoluons, mais aussi de l'abondance des ressources de l'intelligence, comment faut-il considérer l'activité qui se développe et celle qu'il convient d'encourager ? J'aime bien la métaphore qu'utilise l'économiste Yann Moulier-Boutang, qui pense qu'on devrait plutôt s'intéresser à un autre insecte industrieux, et tout aussi sympathique : l'abeille. Si on adopte le point de vue classique de l'économie, on ne voit de l'abeille que sa production de miel – qui constitue sa nourriture et celle de ses descendants, et est accumulé en prévision des mauvais jours. La production de miel marchand, c'est-à-dire le « surplus », n'intervient que lorsque l'apiculteur trompe l'abeille en retirant les rayons de miel dans la ruche et, lui laissant croire qu'elle manque de nourriture, la contraint à travailler au-delà de ce qu'elle ferait normalement. Or la valeur de l'abeille n'est pas dans sa capacité à produire du miel : elle pollinise, surtout. C'est-à-dire qu'elle constitue l'un des indispensables chaînons de la reproduction du vivant végétal. En collectant les pollens de plante en plante, les abeilles les disséminent et ensemencent les végétaux au même titre que le vent ou les oiseaux transportant des graines.

Le caractère complexe et indispensable de cette activité pour la biosphère avait déjà été souligné par Albert Einstein, qui estimait à moins de cinq ans la survie de l'espèce humaine en cas d'éradication des abeilles de la surface de la terre. Les abeilles sont à tel point des marqueurs de la dégradation du milieu vivant, de la faune comme de la flore, qu'on cherche à les réintroduire systématiquement dans les grandes métropoles. L'activité des abeilles est bien plus importante que la production de miel. On retrouve ici l'impact négatif de l'activité humaine sur l'environnement : les abeilles ne peuvent plus mener leur activité de pollinisation parce qu'elles sont empoisonnées par les engrais et les pesticides [1], par la prolifération de micro-particules toxiques, par des traitements antiparasitaires chimiques administrés par l'homme, par la transplantation inconsidérée d'espèces d'abeilles tueuses, par la multiplication d'ondes dont on ne connaît pas les effets à long terme sur le magnétisme qui les oriente et enfin par la réduction drastique des jachères de pollinisation dans l'espace agricole.

1. Voir l'affaire des pesticides Gaucho et Régent TS, interdits d'utilisation sur le maïs et le tournesol en 2004 car soupçonnés d'être des « tueurs » d'abeilles.

La valeur économique de cette activité de pollinisation est absolument « hors de prix » au double sens de ce mot : c'est-à-dire non seulement extrêmement chère, mais en quelque sorte inestimable, incommensurable. C'est aussi le cas de la biosphère terrestre. Condition de toute vie et de toute valeur, elle est un absolu, et sa valeur n'entre dans aucune échelle d'estimation possible. On est resté longtemps sans mesurer la pollinisation, mais les récentes destructions massives d'essaims (en particulier aux États-Unis, en Europe et au Japon) permettent depuis peu de se faire une idée plus précise du prix économique d'un tel phénomène. Si l'on prend les États-Unis, par exemple, la production de miel écoulée sur les marchés rapporte environ une centaine de millions de dollars, mais les dégâts causés par la disparition des abeilles qui pollinisent 80 % de la production de légumes et de fruits ont été estimés à plus d'une trentaine de milliards de dollars, sans compter évidemment les dégâts collatéraux et l'incidence sur les plantes sauvages.

En Europe, les agriculteurs se sont rendus compte que la baisse de rendements due à une pollinisation déficiente dans les champs de tournesol était tellement catastrophique et qu'elle se révélait bien supérieure aux gains retirés de l'utilisation de pesticides. L'incidence de cette forme particulière de pollution est telle, dans certaines régions, qu'elle remet en question la rentabilité des rendements jusque-là obtenus. Le rôle des abeilles dans l'agriculture est véritablement impressionnant : 100 % de la pollinisation pour les amandes, 90 % pour les pommes, 50 % pour les pêches, 20 % pour le coton... Si les abeilles disparaissent, nous serons bientôt tous bienvenus dans le désert du réel.

Vers la société pollen

L'abeille représente une remarquable métaphore de ce que nous vivons aujourd'hui, car c'est la circulation des abeilles qui en fait la valeur. Dans cette perspective, une nouvelle écologie/économie politique s'intéressera surtout à la pollinisation qui représente entre 350 et 1 000 fois plus que la valeur de l'économie marchande traditionnelle. Car l'économie s'est transformée aussi, au sens où les interactions sont devenues le cœur des activités. La plupart des choses se passent désormais dans la circulation – et non plus dans la production ou la consommation qui accompagne la production. La richesse d'une entreprise comme Google, par exemple, repose aujourd'hui moins sur ses 12 000 employés et ses 300 000 ordinateurs en batterie que sur le « travail » effectué par les 14 millions de personnes qui, à chaque seconde, viennent cliquer sur ses services en ligne et produisent ainsi du réseau. C'est cela le travail humain de pollinisation. De même, il y a quelques années que General Motors ne fait plus de profit en vendant des voitures, mais grâce aux crédits qu'elle propose à ses clients, en se payant sur les taux d'intérêt. Autrement dit, la voiture est devenue le « by-product » d'un crédit. Encore un exemple avec la distribution : l'essentiel des marges de Carrefour vient du crédit, et non pas de la marge prise sur les produits vendus ; le client paie en temps réel, mais Carrefour paye ses fournisseurs à quatre-vingt-dix jours. Pendant ce temps, le groupe peut rentabiliser ces sommes énormes sur les marchés financiers. L'économie matérielle est complètement contaminée par l'économie immatérielle.

Mais l'exemple de Google ne me satisfait pas, car ce modèle économique est avant tout un aspirateur des subjectivités individuelles et des productions collectives au seul bénéfice d'une seule entreprise. Je préfère celui du logiciel libre qui est fondé sur le même principe de pollinisation mais, au lieu d'être accaparé par une seule entreprise, le produit, le logiciel, est au service de la collectivité. Il bénéficie des apports d'une multitude de programmeurs, d'utilisateurs qui, au final, aboutissent à des logiciels de meilleure qualité que des logiciels propriétaires.

L'activité humaine dans une société complexe doit, tout comme la biosphère, se comprendre comme une pollinisation générale, résultant des multiples interactions créatrices de richesses. Il ne faut pas limiter la perspective à la seule production de miel vendue sur le marché. Le bourdon, par exemple, ne fait pas de miel, ne pique pas, ne sert apparemment qu'à effrayer les enfants ou les adultes un peu craintifs. Mais il pollinise aussi : il est indispensable au cycle de fécondation. À tel point que la pollinisation ne se fait plus dans les serres saturées de pesticides et de produits phytosanitaires. En somme, les bourdons sont un peu comme nos inactifs (chômeurs, retraités, étudiants) : leur production matérielle est proche de zéro, mais ils participent à la pollinisation, produisent du réseau, de l'information, du lien social. Je ne vais pas me risquer à filer la métaphore jusqu'à un modèle théorique complet, mais il me semble que la diffusion des idées, des innovations ou des mouvements artistiques et culturels, à certaines époques très fécondes de l'histoire de l'humanité, ressemble beaucoup à une pollinisation à l'échelle humaine.

Je crois qu'il est vraiment temps d'embrasser la complexité des sociétés humaines en les comprenant comme des ensembles marqués par la pollinisation, par la puissance des externalités positives, et pas simplement par le monde marchand ou par la multiplication des externalités négatives. Dans cette « société pollen », les politiques publiques ne peuvent pas être réduites au marché, ni mesurées par la seule valeur marchande produite. La pollinisation ne se produit pas sur le mode du système industriel. On peut créer les conditions de son maintien, voire de sa réplication avec le clonage, mais on ne « produit » pas la biosphère, ni le vivant comme on « produit » des tonnes d'acier. Prendre soin de l'environnement, de la biosphère et de la biodiversité, c'est-à-dire préserver et assurer leurs conditions de développement, implique de prendre soin de la pollinisation dans la biosphère matérielle physique.

L'enjeu est donc dès à présent et pour le futur de favoriser la pollinisation sociale et l'intelligence collective. Pour être prudent, intelligent et responsable dans l'intervention au sein de la biosphère et de la production matérielle, il faudra parfois renoncer à des profits immédiats ou à une croissance génératrice de désagréments ou de dommages irréversibles. Mais cette décroissance sélective n'est envisageable qu'à la condition d'un saut qualitatif dans notre façon d'appréhender le monde. La métaphore de la « société pollen » se joue donc à deux niveaux. D'une part, elle permet de rendre compte correctement du fonctionnement naturel de la société humaine dans son environnement naturel comme dans son environnement intellectuel et culturel. Elle permet, d'autre part, d'en appréhender les éventuels dysfonctionnements et de changer en profondeur les instruments et les objectifs que peut se fixer l'action publique.

Une transformation radicale

Je crois que le moment est venu de faire preuve d'audace pour sortir de ces crises par le haut. La nouvelle donne écologique doit être la priorité de toute intervention publique, nationale et, *a fortiori*, européenne. Passer du plan de relance au plan de transformation suppose que les États, quand ils décident des mesures de soutien aux banques ou autres établissements financiers, affectent une partie des sommes accordées aux énergies renouvelables, à la rénovation urbaine, à la lutte contre le réchauffement climatique, aux transports les moins polluants, et aux cultures qui n'empoisonnent pas les sols ou les organismes vivants. Cette règle simple pourrait être élargie par l'instauration d'un prélèvement écologique obligatoire de 10 % sur toutes les taxes existantes (directes comme indirectes).

Parallèlement, les investissements massifs n'ont de sens que s'ils permettent de développer notre niveau de connaissances. Une « nouvelle donne cognitive », en quelque sorte. Les objectifs proposés par la Stratégie de Lisbonne pour l'Union européenne fixaient les dépenses de recherche à au moins 3 % du PIB. Six ans après, seuls la Finlande, la Suède et le Danemark ont rempli ou dépassé cet objectif. Dans des pays comme la France, l'effort des entreprises privées en matière de recherche est très déficient. C'était déjà très peu dans le capitalisme industriel traditionnel : avec les objectifs scientifiques et techniques du Green Deal, qui suppose de reconstruire complètement l'appareil productif, l'objectif de 3 % me semble véritablement dérisoire. Il faudrait alors que, indépendamment des dépenses d'éducation et de formation permanente qui doivent normalement atteindre un quart des budgets nationaux, l'investissement en matière de recherche et développement se fixe comme objectif 10 % du PIB. Le renflouement massif du système financier et de l'industrie par l'État rend de tels objectifs tenables car la puissance publique peut conditionner son aide à la prise en compte de telles exigences.

Mais la nouvelle donne écologique est à mon sens impensable sans une nouvelle donne sociale. Les abeilles humaines doivent avoir les moyens d'accomplir leurs tâches de pollinisation. Ce qui suppose à terme de réfléchir à la mutation en profondeur de nos systèmes de protection sociale. Les pays européens se distinguent du reste du monde par leur attention à la justice sociale, au point qu'on parle souvent de l'existence d'un authentique modèle social européen. Ce modèle social doit évoluer vers une autre forme de redistribution, dissociée de la richesse produite par la production matérielle. Dans une société où l'essentiel de la richesse provient des activités immatérielles, j'estime qu'il devient primordial d'assurer une garantie d'existence à cette activité invisible, qui est à terme beaucoup plus productive écologiquement et économiquement que la production marchande.

Faut-il la penser comme un revenu d'existence ? À terme, peut-être. Le revenu d'existence correspond à la reconnaissance de ce principe fondamental d'organisation de la société en tant que collectivité. Et il rétribue la contribution de chacun à la pollinisation. Idéalement, il devrait donc être attribué de façon inconditionnelle et même être cumulatif avec l'exercice d'un travail rémunéré. Cela servirait de base à la mise en place d'une protection contre la pauvreté pour ceux qui n'ont pas d'emploi, et rétribuait la contribution sociale de ceux qui exercent une activité pollinisatrice non reconnue (domestique, comme élever des enfants, prendre soin de personnes âgées ou handicapées ; associative et bénévole, comme les multiples engagements qui irriguent la société civile, ou encore artistique), ainsi que pour ceux qui travaillent. Sans compter qu'il stimulerait l'esprit d'initiative en fonctionnant comme un filet de protection pour ceux qui voudraient créer leur propre activité mais qui sont aujourd'hui freinés par la peur de se retrouver sans rien si leur affaire ne marche pas. Ce qui est en jeu, c'est la déconnexion entre l'emploi effectif et le revenu que l'on reçoit, cela afin d'établir une continuité de rémunération d'utilité sociale, économique ou éducative.

Mais pour le moment, les esprits sont encore trop enclins à assimiler un tel revenu à un revenu d'assistance, sur le mode du RMI ou du RSA qui en est une variante. On pourrait déjà partir de la mise en place d'un revenu de transformation. Et pour une première approximation, considérant le niveau moyen des prestations sociales et de l'aide sociale, j'estime qu'on pourrait y affecter environ 10 % des sommes injectées depuis le mois d'août 2008 dans le système financier et dans la relance économique. Cela signifie que si les États membres de l'Union européenne à eux tous consacrent 200 milliards d'euros à la lutte contre la récession économique, il faudra en affecter 20 milliards à la construction d'une garantie de revenu s'ajoutant aux prestations sociales existantes. N'oublions pas que l'Union européenne assure déjà une garantie de revenu à de nombreux agriculteurs. Le problème est qu'elle est le plus souvent conditionnée à la logique productiviste classique, plutôt qu'au rôle fondamental du paysan, produire une alimentation saine tout en préservant la biosphère. Un revenu garanti européen n'est pas qu'une utopie, c'est une question de volonté politique, comme des hommes politiques européens l'ont eue après la Seconde Guerre mondiale.

Par ailleurs, si l'on pousse notre raisonnement jusqu'au bout, nous devons aussi préciser la nature souhaitable du financement de l'action publique dans la « société pollen ». En d'autres mots : comment taxer les abeilles, si on considère que ce n'est pas le miel mais leur activité de pollinisation qui importe le plus ? Dans l'économie de la « société pollen », la richesse est constituée par le lien social et les transactions dont il résulte et qui l'animent. Si on considère la proportion déjà évoquée, soit une richesse en réalité 350 fois supérieure à la richesse matériellement produite, on s'aperçoit que l'impôt néglige complètement la richesse immatérielle. L'impôt intelligent devrait donc frapper la circulation – et non pas la consommation. Je trouve significatif qu'en France, les centres de profit les plus forts soient les banques et la grande distribution, autrement dit les deux secteurs qui servent d'intermédiaires entre le producteur et le consommateur. Deux secteurs qui échappent totalement à la TVA. Cette taxe est un impôt très lucratif pour l'État, mais elle est injuste et particulièrement anti-redistributive. Surtout, elle passe à côté de l'essentiel de l'activité économique. L'idéal serait donc de taxer l'ensemble des transactions, même les plus insignifiantes comme celles qui passent par les retraits aux distributeurs de billets. Si à chaque transaction on prélevait, disons, 0,01 % indistinctement, qu'elle se fasse au distributeur ou sur un compte boursier (7 milliards de transactions par jour), grâce à l'informatisation, le prélèvement serait immédiat et direct… et surtout suffisant pour assurer le budget de l'État français sans recourir à aucun autre impôt. Une sorte de « Taxe Tobin intérieure », beaucoup plus pertinente que le modèle international qui exige au préalable qu'on en ait définitivement fini avec les paradis fiscaux. Une mesure qui me rappelle ce que m'avait confié un jour François Lamoureux, un ancien haut fonctionnaire de la Commission européenne qui avait longtemps travaillé au cabinet de Delors. Il m'avait dit que pour développer le budget européen, il suffirait de prélever 0,1 % du coût de tout appel téléphonique passé dans la zone.

Enfin la clef de la nouvelle économie et du nouveau mode de développement à inventer, ce sont bien entendu les connaissances ! Les deux premières révolutions industrielles reposaient sur des ressources énergétiques (charbon/vapeur, puis hydrocarbures), la troisième révolution industrielle s'articule autour des technologies de l'information et de la communication transformant la gestion des entreprises et l'organisation du travail, la quatrième révolution industrielle qui doit s'ouvrir maintenant est celle de « l'économie cognitive et relationnelle ». Aussi les questions de la solidarité sociale, de la qualité du lien social et du vivre ensemble ne sont pas seulement affaire de gestion des dégâts de l'économie ou des ponctions sur la richesse collectivement produite, elles sont désormais centrales.

IV

Le défi du multiculturalisme

La mondialisation, ce n'est pas seulement la mondialisation des échanges et des transactions financières, où émergent des régulations encore balbutiantes. C'est aussi une mondialisation humaine et culturelle, les mouvements de populations et la fluidité des images et des représentations. La plupart des sociétés européennes sont aujourd'hui des sociétés pluriculturelles. Cela ne signifie pas qu'elles sont plus fragmentées qu'hier, au XIXe siècle par exemple. Elles sont, à bien des égards, devenues à la fois plus homogènes et plus diversifiées. Plus homogènes avec des conditions de vie matérielles et des modes de consommation des individus qui tendent à s'uniformiser, et en même temps toujours plus diversifiées, à l'aune des quêtes et des revendications identitaires qui se font plus évidentes. Chacun de nous veut faire valoir sa différence propre et même ses diverses appartenances ; chacun pioche à cet effet dans les nombreux répertoires culturels qui sont à sa disposition : traditions, religions, expressions artistiques, etc.

Or le politique ne peut ignorer ces aspirations. Il lui faut parfois arbitrer entre des revendications sociales conflictuelles et, plus généralement, répondre à une demande croissante de respect et de reconnaissance, émanant de multiples groupes. J'en ai fait l'expérience à Francfort de 1989 à 1994, quand le maire SPD de la ville m'a confié la responsabilité de l'Office des affaires multiculturelles qui visait à organiser les capacités d'accueil et d'intégration des populations migrantes. L'idée de cet office est venue au sein de l'équipe Verts/Sociaux-démocrates pendant la campagne municipale de 1989, quelques mois avant la chute du mur. À l'époque, la droite menait une campagne intense contre la présence permanente des immigrés dans la société allemande. Contrairement à aujourd'hui, ceux-ci ne pouvaient que très difficilement acquérir la nationalité. Face à la droite, nous considérions que l'immigration n'était pas un phénomène passager, mais une réalité durable ; que les immigrés étaient destinés à rester et qu'il fallait organiser leur présence. Lorsque la droite est revenue au pouvoir dans la ville, la nouvelle maire CDU a refusé de supprimer, comme certains le demandaient, cet Office des affaires multiculturelles : c'était devenu un des symboles de Francfort.

Immigration et diversité culturelle

Pendant ces cinq années, j'ai été un médiateur permanent, entre la société allemande d'accueil et les immigrés, entre les différentes communautés immigrées, et notamment entre les Turcs et les Kurdes, entre les hommes et les femmes, entre les jeunes qui partaient de chez eux et leurs familles, entre religieux et laïcs… La ville de Francfort est une ville où, avec 35 % des habitants issus de l'immigration, la diversité des populations est l'une des plus fortes d'Allemagne. Les Turcs à eux seuls constituent un quart des immigrés ; l'autre groupe important est composé de personnes provenant des différents territoires de l'ex-Yougoslavie. Quand la guerre en ex-Yougoslavie a commencé, l'émotion véhiculée par les récits de guerre était si forte que des tensions sont rapidement apparues entre bandes de jeunes des différentes nationalités de ce pays en pleine implosion. Pour calmer le jeu, j'ai réuni une quarantaine de jeunes issus des différents groupes et leur ai dit que nous ne sortirions de là qu'avec un pacte de non-agression. Comme je les connaissais un peu et que je disposais d'informations précises sur leur parcours personnel, je me suis permis d'interpeller chacun d'eux de manière très concrète. Le sens de cette médiation était de dédramatiser, de calmer les conflits, de pacifier. Mais l'enjeu était aussi fondamentalement de procéder à une refonte les règles du vivre ensemble.

J'ai ainsi appris que l'immigration met peu ou prou en question toutes les règles qui organisent le tissu social : tout le problème d'une politique de l'immigration est alors de savoir comment élaborer une nouvelle règle commune. C'est bien une question d'intégration, comme on dit souvent, mais à condition de préciser, ce qu'on fait moins souvent, qu'il s'agit d'une question d'intégration sociale d'ensemble. Intégrer, ce n'est pas exiger des immigrés qu'ils s'adaptent aux règles antérieures de la société d'accueil. C'est travailler à une recomposition générale des règles qui organisent notre société dans sa totalité et qui concernent autant les populations hôtes que les populations accueillies.

Cela, je l'ai compris à travers un cas très simple. À la périphérie de Francfort, il y a avait un quartier où des immigrés, principalement turcs, avaient acheté deux pavillons où ils voulaient construire une mosquée avec un minaret. Dans ce même quartier se trouvait l'ancienne usine Hoechst, un vieux bâtiment industriel désaffecté. Une mobilisation s'était développée autour de l'idée de sa réhabilitation. C'était un mouvement de citoyens, qu'on appellerait « bobos » aujourd'hui, en faveur d'une réhabilitation du cadre de vie et du bâti ancien, typique de ces années-là. Or, ils s'opposaient énergiquement à la construction de la mosquée, pour des raisons patrimoniales et architecturales. Bref, ils étaient dans l'argumentaire écolo à 100 %. J'ai donc décidé de réunir tous les protagonistes afin qu'ils s'expliquent. L'association turque était déjà bien installée, depuis une trentaine d'années, mais n'était guère visible de l'extérieur. Elle disposait d'une mosquée à la sortie du quartier, en lisière de l'autoroute, mais elle souhaitait quelque chose de plus central et de plus visible. L'explication fut longue et houleuse, mais la mosquée fut finalement construite et une journée portes ouvertes a eu raison des ultimes réticences.

J'ai tiré de cette expérience une idée forte : quand, au cœur d'un vieux quartier, une mosquée avec un minaret est installée, il devient évident que la population a changé. Cette revendication de visibilité signifiait autant la permanence de l'installation, donc une forme d'intégration, que l'émergence d'une différence. Les immigrés viennent pour améliorer leur propre qualité de vie. Un jour, un représentant d'une association d'immigrés m'a interpellé sur notre programme de limitation de la circulation des voitures en ville : « Nous, on est venus ici pour travailler et acheter des bagnoles. » L'immigration ne se fixe pas d'abord pour but de changer la société d'accueil. La motivation première est d'abord personnelle.

Mais des trajectoires individuelles impliquant des centaines, voire des milliers de personnes, deviennent rapidement un phénomène social. En Europe, même les pays qui étaient traditionnellement des pays d'émigration, comme l'Irlande, le Portugal ou l'Espagne, voire la Pologne, sont devenus des pays d'immigration. Des familles arrivent par dizaines de milliers dans une société, sans avoir le vécu des conflits de cette société. Prenez la société française des années 1950 sous l'angle de son rapport aux femmes : c'est très largement une société où la condition féminine, comme on disait alors, est encore marquée par la domination des hommes. C'est au cours des années 1960 et 1970 que progressivement s'affirme l'émancipation des femmes, avec l'accès à l'égalité juridique dans la famille, l'accès à la contraception, puis le droit à l'avortement, sans compter la possibilité généralisée pour les femmes de faire des études et de travailler, même si on doit constater que l'égalité ne règne pas encore aujourd'hui. La France des années 1980 a évolué sous la poussée des mouvements féministes, et elle se retrouve alors face à de nouvelles générations immigrées qui n'ont pas connu cette histoire. La confrontation de ces vécus différents suscite nécessairement des tensions.

Qu'est ce que le multiculturalisme ?

Lorsqu'on parle de politique d'immigration, on confond toujours la question de l'entrée sur le territoire et celle du vivre ensemble. Le plus souvent, on en reste à une vision purement administrative de la réglementation du droit d'entrée. Pourtant, le défi posé à toute société multiculturelle est de fédérer les individus et les groupes qui la composent autour d'un projet commun. Mais comment construire une nouvelle identité commune ?

C'est ici qu'intervient le débat sur le multiculturalisme : je ne suis pas dogmatique et je ne défends pas une conception abstraite. Je sais qu'il y a un débat, à la fois théorique et politique, sur le multiculturalisme. Mais le fait est que notre réalité est celle de sociétés pluriculturelles et que la meilleure manière d'y faire face est de la nommer. Si l'on entend par multiculturalisme une vision de la société où chacun serait enfermé dans sa communauté culturelle, elle-même séparée des autres, alors je récuse vivement cette idée, qui s'apparente d'ailleurs plutôt au communautarisme. Moi, ce que j'entends par multiculturalisme, c'est une société multiethnique, composée de diverses cultures, qui fait droit à la multiplicité des appartenances culturelles de chacun, car nous appartenons tous à plusieurs cultures, qui organise leur visibilité et encourage la compréhension mutuelle.

On a dit que les Pays-Bas, et dans une moindre mesure la Grande-Bretagne, représentaient l'échec du multiculturalisme. On s'est trompé en analysant les Pays-Bas comme une société ouverte. C'est en réalité une société indifférente. On a cru que la politique du multiculturalisme y avait cours, alors que cette société est organisée en piliers : un pilier protestant, un pilier catholique, qui s'ignorent l'un l'autre. Chacun vit sa vie, sans un regard pour l'autre... On pensait qu'il suffisait de rajouter à la structure traditionnelle un pilier musulman. Les musulmans aussi vivent leur vie. Cette indifférence à l'autre, propre à la société néerlandaise, s'accompagne en même temps d'un très grand conformisme, à la limite du contrôle social. Lorsque je me promène aux Pays-Bas, je suis toujours frappé par les maisons sans rideaux. Cela signifie qu'il faut être comme les autres ; celui qui tire ses rideaux a quelque chose à cacher. Quand des tensions sont apparues, le consensus a explosé et cette rupture a surpris par sa violence. On a alors découvert cette ignorance mutuelle. Mais la violence était déjà là : quand l'Ajax d'Amsterdam, le club de football fondé et soutenu par des juifs, joue à Rotterdam, on entend des bruits de claquements dans les tribunes des supporters de Feyenoord, qui imitent l'ouverture et la fermeture des portes des chambres à gaz. Les groupes de hooligans, dans ce pays, sont d'une violence incroyable. Bien sûr cette société n'est pas réductible à cela, car elle sait aussi être très chaleureuse. Mais si la communauté est une société fermée, elle a beau être entourée d'autres communautés, elle est synonyme de refus. Quand quelque chose n'est pas dit, l'inconscient se structure autour du rejet : la réaction primaire de chacun, c'est alors de dire « non » ! Quand il y a eu une densification des conflits, comme tout était refoulé, les Néerlandais ont découvert qu'ils ignoraient tout des autres : en fait, les autres ne les intéressaient pas. Les Pays-Bas ne représentent pas l'échec du multiculturalisme, mais l'échec du refoulement du multiculturalisme. C'est une société d'indifférence.

Vers un islam européen ?

Ce n'est pas un hasard si la question de l'islam focalise aujourd'hui nombre de débats sur le pluralisme culturel de nos sociétés. Il y a un lourd contentieux historique entre la chrétienté, longtemps majoritaire en Europe, et l'islam, dont le dernier épisode fut la colonisation et la décolonisation, et notamment, pour la France, la guerre d'Algérie.

Les tensions internationales liées au terrorisme se réclamant de l'islam, le conflit israélo-palestinien et les guerres d'Irak et d'Afghanistan y sont aussi liés. Dans le monde musulman, l'échec des nationalismes, du nationalisme arabe en particulier, a laissé la place à une « réislamisation » des sociétés. Et dans l'immigration, l'islam apparaît comme la ressource identitaire la plus appropriée pour compenser les fragilités personnelles des incertitudes migratoires. Il est aussi un refuge face aux réactions xénophobes, voire racistes. Je me refuse toutefois résolument à faire une lecture de ces phénomènes qui les amalgame, dans une synthèse culturaliste qui parle de guerre des cultures ou des civilisations. Je suis au contraire de ceux qui pensent que s'invente aujourd'hui un islam européen. Je ne comprends donc pas la diabolisation de Tariq Ramadan qui tente précisément de définir cet islam européen, même s'il n'est pas à l'abri de contradictions. L'islam est aujourd'hui présent en Europe : il y a plus de musulmans européens qu'il n'y a de Néerlandais.

Je me suis toujours battu pour que les musulmans puissent pratiquer librement leur culte et qu'ils puissent avoir des mosquées… Mais cela exige que tous respectent le pluralisme de nos sociétés et la liberté des individus : la liberté de pratiquer son culte, ou d'émettre une revendication identitaire est la même liberté que celle de changer de religion, de ne pas en pratiquer ou de s'émanciper de son groupe d'origine. C'est pourquoi je ne comprends pas ceux qui choisissent la version de cette liberté qui les arrange. Certains musulmans voudraient transposer les traits d'une société monoculturelle à dominante musulmane, comme certains soi-disant laïcs font de la laïcité une machine de guerre contre l'islam en amalgamant des valeurs universelles et une exigence de conformité culturelle aux traits traditionnels et dominants de l'Occident. Pour moi, ce sont les mêmes fanatiques.

J'étais par exemple hostile à la loi sur le foulard en France. Il me semble qu'elle restreignait les libertés individuelles à l'excès, qu'elle faisait porter sur les épaules des jeunes filles désireuses de le revêtir un poids trop lourd, que cette loi pouvait être ressentie comme une loi d'exception et d'exclusion. Cette loi met l'accent sur un comportement vestimentaire dont la signification est très ambivalente : certains y voient le symbole de la soumission féminine, d'autres l'affirmation d'un libre choix et même le moyen d'une émancipation. Je dois dire, et je pense qu'il faut en créditer les jeunes musulmanes de France, qu'à l'usage, elles se sont pliées dans leur très grande majorité à cette interdiction, et que cela a pour l'instant permis de dédramatiser la question. Le port du foulard suscite des passions aussi vives car il semble atteindre une valeur fondamentale qui est l'égalité entre les hommes et les femmes. Bien entendu, c'est là une valeur à défendre, dans tous les domaines de la vie sociale. Dans le monde économique comme dans le monde politique, mais aussi dans la vie quotidienne et la répartition des tâches ménagères, nos sociétés sont loin d'être irréprochables. Et il y a en effet, dans les cultures familiales de certains milieux issus de l'immigration, souvent musulmans, une volonté de garder le contrôle des femmes. Nous avions, à Francfort, besoin d'éducateurs dans les crèches et nous cherchions à en recruter aussi parmi les jeunes filles issues de l'immigration turque. Or, de nombreux parents interdisaient à leurs filles de poursuivre leurs études. Des débats très durs ont eu lieu sur le droit des jeunes à décider de leur vie. Le pire, ce sont les mariages forcés : je me rappellerai toujours de cette jeune fille de quinze ou seize ans qui m'a dit : « Ils ont mon billet pour la Turquie, ils veulent me marier. » Nous avons dû la cacher, illégalement. La naïveté, c'est de croire que les mariages forcés n'existent pas. Cette pratique existe, il faut la combattre et expliquer sans relâche que les individus, et les femmes en particulier, ont des droits. Bien sûr, les mentalités avancent et évoluent très vite. Les films de Fahti Akin, en particulier *Head On* et *De l'autre côté,* mettent en avant cette nouvelle génération émancipée et les combats qu'elle doit mener.

Le meilleur marqueur de l'ouverture est, à mon sens, les mariages mixtes. À cet égard, les réticences sont partagées. Je me souviens de la réaction d'un grand journaliste libéral qui me disait : « Si ton fils se marie avec une musulmane, qu'est-ce que tu fais ? » Alors que je lui répondais que je ne voyais pas le problème, et que je pensais profondément que ce serait son choix, lui était littéralement malade à l'idée qu'un de ses enfants puisse épouser une personne issue de l'immigration. Les réticences aux mariages mixtes sont autant du côté de l'immigration que du côté des sociétés d'accueil.

Les choses sont indiscutablement liées : si nous accordons à l'islam la place qui lui revient en

Europe, nous serons plus à même de faire valoir des valeurs individuelles qui sont en rupture avec les traditions religieuses et familiales. Le combat pour les droits individuels n'est pas un combat entre des cultures.

La question de l'islam européen ne se limite toutefois pas à la place que l'on fait à un islam minoritaire dans des pays de tradition majoritairement chrétienne – catholique ou protestante – quoique passablement, bien qu'inégalement, déchristianisés. Elle est aussi celle de la place en Europe de pays majoritairement musulmans, comme la Bosnie, le Kosovo, l'Albanie et naturellement la Turquie. Il est très clair que les réticences qui se manifestent en Europe à l'encontre de la Turquie tiennent pour une bonne part à cette question de l'islam.

Le premier accord d'association avec la Turquie date de 1963. Le processus d'ouverture démocratique de la Turquie y est lié car le rêve européen en est le moteur, même si elle a encore un long chemin devant elle en ce qui concerne le respect des droits de l'homme. Dès 1996, j'ai été président de la commission parlementaire mixte Union européenne-Turquie et j'ai eu à traiter des contentieux majeurs entre les deux parties, notamment sur la question de la reconnaissance du génocide arménien et sur le conflit avec les Kurdes. Sur ces deux points, j'ai vu la possibilité d'évolutions positives, certes trop lentes à mon goût, mais réelles. Sur la première question notamment, l'appel de décembre 2008, à l'initiative d'intellectuels et de syndicalistes turcs, pour la reconnaissance de la responsabilité turque dans les massacres de 1915 est un acte courageux et un signe d'espoir : il a d'ailleurs été salué comme tel par de nombreux Arméniens de Turquie, mais aussi de la diaspora. Néanmoins la question de l'entrée de la Turquie ne se posera concrètement que dans une dizaine d'années à une Union européenne qui aura elle-même changé. De nombreuses raisons économiques et géopolitiques plaident pour cette adhésion, en particulier le rôle crucial que peut jouer la Turquie dans la diversification et la sécurisation de nos approvisionnements énergétiques. Il reste toutefois un autre défi majeur : l'attitude européenne envers l'islam. Je suis conscient que les Arabes et les Turcs sont différents, qu'il y a un contentieux historique lourd entre le monde arabe et les héritiers de l'Empire ottoman. Mais le monde musulman observe l'Europe et se demande si nous sommes prêts à intégrer la Turquie. L'Europe se définit-elle politiquement ou culturellement comme un club judéo-chrétien ? Il y a là une chance historique unique, mais aussi une responsabilité sans précédent, d'apparaître comme un espace de paix qui n'associe pas une identité politique à une identité culturelle, en intégrant un grand pays musulman. Allons-nous la saisir ?

D'ailleurs, quand Nicolas Sarkozy est invité à un sommet quadripartite en Syrie, il y retrouve le Premier ministre turc. Là il peut prendre conscience du rôle crucial joué par la Turquie pour la paix dans la région, malgré son hostilité affichée envers l'adhésion de celle-ci à l'Union européenne. Aujourd'hui, la diplomatie cherche le moyen de sécuriser la frontière entre la bande de Gaza et l'Égypte. Une force internationale est envisagée. Or l'Égypte ne veut pas de non-musulmans à sa frontière avec Gaza. Une Union européenne élargie pourrait envoyer des Turcs et des Bosniaques… Je parie que dans quelque temps, Nicolas Sarkozy aura noué des relations diplomatiques si solides avec la Turquie qu'il changera de position quant à l'adhésion de ce pays à l'Union.

Enfin, je dois préciser une chose : une société multiculturelle ne se réduit pas à une société multireligieuse. Certes, la religion est un puissant facteur identitaire, et pour nombre de personnes elle est aussi ce qui donne profondément sens à leur vie. Mais la question de la cohabitation entre religions n'est qu'un des multiples aspects d'une société fondée sur la diversité. L'Europe aujourd'hui n'est plus seulement judéo-chrétienne. Il y a toute une sphère publique qui se définit de manière areligieuse et où s'affirment des logiques identitaires nombreuses qui ne relèvent pas – ou pas uniquement – de l'appartenance religieuse.

La question identitaire

La société multiculturelle suscite en effet souvent des phénomènes d'affirmation identitaire forts. Dans des sociétés recomposées, il y a parfois un dualisme entre la volonté d'affirmation de ce qu'on est et la nécessité de s'ouvrir aux autres et de s'intégrer dans le corps social. Ce sont ces jeunes qui sifflent *La Marseillaise* pour dire « Nous sommes différents » et en même temps pour protester contre leur marginalisation dans la société française. Ce sont les mêmes qui fêtent l'équipe de France en arborant le drapeau français, ou même deux drapeaux, le français et celui de leur pays d'origine, algérien ou turc, comme j'ai pu le voir à Strasbourg lors de la dernière Coupe du monde. Peut-on vivre une double identité de manière positive et non dans le déchirement ? Je partage l'affirmation existentialiste selon laquelle « on est ce qu'on choisit d'être ». En réalité, personne n'est totalement ce qu'il choisit d'être et l'identification se bâtit à partir d'un répertoire d'identités disponibles. Mais ces identités sont changeantes, multiples, et souvent hybrides.

La pire des violences, c'est d'assigner des identités figées aux individus, de leur interdire d'en changer ou même d'en jouer. Inversement, le déni d'identité peut aussi être ressenti comme une blessure profonde. Au fond du malaise identitaire de nombreuses personnes, bien au-delà des questions d'immigration, il y a l'une ou l'autre de ces blessures symboliques : un enfermement identitaire ou au contraire un effacement, un refus de reconnaissance. Il est vrai que la bonne distance entre ces deux approches de l'identité est souvent difficile à trouver. L'émergence c'est le « et ». Nous sommes composés d'une somme incroyable de « et ». L'affirmation d'une identité n'est pas exclusive d'autres appartenances. En France, les Noirs sont d'origine antillaise ou africaine, ce qui crée parfois des tensions entre eux, mais n'empêche pas l'émergence d'une conscience identitaire noire. De même, les musulmans peuvent être d'origine turque, algérienne ou comorienne, tout ayant une référence religieuse commune.

L'Europe joue un rôle fondamental dans ces redéfinitions identitaires parce qu'elle brise le carcan d'identités nationales figées, elle les relativise, sans les effacer. L'Europe nous apprend à conjuguer le « et ». On est Français, Allemand, Lituanien, et un peu plus. Le repli identitaire, le choix d'une identité exclusive, est souvent lié à l'angoisse et à la peur, à l'incertitude. Un exemple est celui des communautés juives : personne aujourd'hui ne remet en question la double identité de ces communautés. Mais si l'angoisse revient, la fermeture revient. Le judaïsme européen est nécessairement lié à Israël, mais il ne se résume pas à ce lien : le judaïsme européen, c'est la diaspora. Sinon, on est un juif israélien, avec les valeurs du nationalisme mais aussi avec ses limites, et parfois, hélas, avec ses horreurs.

L'ex-Yougoslavie est un exemple extraordinaire de tous nos errements et parfois de nos erreurs. Quand on va à Belgrade, Zagreb ou Sarajevo, les gens disent : « On est enfin Serbes, ou Croates, ou Bosniaques. On va maintenant pouvoir être Européens. » Mais auparavant, ils vont devoir partager et mener ensemble des politiques régionales, condition posée par l'Union européenne. L'Europe permet d'ouvrir ces identités fermées. Cela prend aussi du temps. Sur la question de l'intégration européenne, ces pays sont obligés de vivre en l'espace de cinq ans ce que la réconciliation franco-allemande a permis en quarante ans. Le passage se fait, pour la Serbie comme pour les autres, à travers l'immigration. Il n'y a pas une famille en ex-Yougoslavie qui n'ait un pied dans un pays de l'Union européenne. Les têtes de pont de l'immigration deviennent les vecteurs pour l'intégration européenne de ces pays.

L'Union européenne permet une imprégnation mutuelle des différentes cultures. Il faut cependant que l'Europe cesse d'être frileuse sur la question des nations : celles-ci ne sont pas en cause. Il y a en Europe tout un débat sur la double nationalité, qui prend parfois, comme en Allemagne, un tour hystérique. Aux États-Unis, non : on peut avoir plusieurs nationalités, parfois jusqu'à quatre. C'est possible en grande partie parce que les gens se sentent d'abord citoyens des États-Unis. Si nous avions davantage confiance dans l'Europe, nous serions moins anxieux à l'égard des doubles ou triples nationalités.

Une politique de la reconnaissance de la diversité

Les questions du multiculturalisme sont aujourd'hui au cœur de la définition du « vivre ensemble » des sociétés européennes. Elles correspondent à une pluralité d'approches et touchent à de multiples aspects de la vie sociale. Si toutes ne relèvent pas de la responsabilité politique, celle-ci est toutefois engagée dans nombre d'entre elles.

Tout d'abord, il convient de savoir ce qui se passe pour donner une visibilité aux problèmes. Comment combattre les discriminations si on n'en a qu'une idée approximative ? Comment mettre en place des politiques anti-discriminatoires si on n'a pas une vision de l'ampleur des problèmes à traiter ? Il y a depuis plusieurs années en France un débat sur ce qu'on appelle les statistiques ethniques. Sous des prétextes que je trouve particulièrement fallacieux, on tergiverse sans cesse sur la possibilité de les mettre en œuvre. La France n'est pas la seule dans ce cas. Je me rappelle qu'à Francfort, quand nous avions voulu nous doter d'outils statistiques sur les populations issues de l'immigration, nous nous étions fait taper sur les doigts. Il ne faut pas toucher à la question des origines ethniques. Personnellement, je suis pour qu'on se dote très rapidement des instruments permettant une évaluation sérieuse des questions liées à la discrimination raciale comme à celles se rapportant à d'autres formes de discrimination. Bien entendu, il ne s'agit pas d'inventer des catégories auxquelles les personnes seraient assignées. Il faut être de la plus grande rigueur dans l'usage de fichiers nominatifs, et les bannir. En revanche, s'il s'agit de statistiques anonymes, sur la base d'autodéclarations des individus, cela rendrait visible des phénomènes cachés, et montrerait l'ampleur des discriminations et l'urgence d'agir. L'action publique ne pourrait qu'y gagner.

Je crois qu'il est absolument indispensable de se doter aussi d'outils de médiation. Pour l'essentiel, les lois et textes existants, les institutions européennes et les organisations internationales comme la Cour européenne des droits de l'homme suffisent à garantir les droits des personnes et à interdire des violations manifestes. Mais, comme de nombreuses affaires l'ont montré, celle du foulard ou celle des caricatures, des conflits surviennent régulièrement, dans la gestion de la diversité culturelle, que la loi doit trancher, souvent parce qu'ils mettent en opposition des principes de rang analogue : liberté individuelle et égalité, liberté d'expression et respect de l'autre. Parfois, de nouvelles lois sont nécessaires pour garantir un cadre ou traduire un principe. Mais nous gagnerions à nous inspirer de dispositifs comme ceux que les Canadiens ont élaborés sous le nom d'« accommodements raisonnables », qui privilégient le recours à la médiation. Un rapport remis en mai 2008 par le philosophe Charles Taylor et le sociologue Gérard Bouchard, après une vaste consultation publique à travers le Québec, fait le point de manière circonstanciée sur ces procédures. Il s'agit de permettre des transactions entre revendications de groupes divers qui garantissent aux individus le maximum de libertés à un coût social acceptable, en évitant les recours aux tribunaux. Celui-ci n'est rendu inévitable qu'en cas d'échec de l'accommodement. De fait, cette procédure a permis de régler des litiges relatifs au port du *hidjab* dans un collège privé, au respect des interdits alimentaires dans les hôpitaux ou les centres de la petite enfance, ou à des conflits de voisinage, de manière globalement assez satisfaisante pour les différentes parties. Il s'agit donc d'un traitement au cas par cas des situations jugées problématiques, même si parfois les choses n'ont été réglées que de manière provisoire et peuvent rebondir, comme dans le cas du *kirpan* (couteau rituel) porté pas les jeunes garçons sikhs.

Enfin, il y a la question de la visibilité des minorités dans nos sociétés, de leur place symbolique. Plus les représentants de la société, au niveau politique et médiatique, seront nombreux à symboliser cette diversité, plus son acceptation sera forte. Regardez les espoirs qu'ont suscités dans le monde entier la candidature puis l'élection d'Obama. Nos sociétés sont sans doute plus en avance sur ce point que nos institutions, et particulièrement nos institutions politiques. Si les États-Unis ont pu élire Obama, c'est aussi que ce pays a beaucoup changé depuis vingt ans, jusque dans ses élites dirigeantes. Le point fondamental ici est la manière dont une société se représente et se comprend elle-même. En Europe, nous sommes loin du compte, même si des progrès timides apparaissent. L'Allemagne a déjà élu plusieurs députés d'origine turque, dont Cem Özdemir, récemment désigné secrétaire général des Verts. Comme pour la place des femmes dans la représentation politique, la France est la lanterne rouge dans ce domaine. Même si des personnalités issues des minorités visibles accèdent aujourd'hui au gouvernement, la diversité peine toujours à forcer la barrière de la représentation politique même chez nous, je l'ai dit, à part quelques timides avancées dans la composition des conseils municipaux. Or, il ne s'agit pas seulement d'une question théorique : il en va de notre cohésion sociale.

Faut-il alors instaurer des dispositifs contraignants de discrimination positive, inscrire, dans la loi, des quotas, comme on l'a fait pour les femmes avec la loi sur la parité ? Je n'y suis pas favorable. Cela obligerait en effet à assimiler les personnes à des catégories, selon l'origine ou la couleur de la peau. En revanche, je soutiens qu'il faut une action beaucoup plus volontariste des partis politiques dans ce domaine. Plusieurs entreprises, en associant le patronat et des organisations syndicales, ont signé une charte de la diversité. Autre exemple, l'Association américaine de la presse quotidienne (NAA), a réussi, il y a une dizaine d'années, et sans recours à des mesures contraignantes, à obtenir un équilibre hommes-femmes au sein des rédactions et a engagé depuis un processus identique concernant la présence de journalistes issus des minorités visibles. Pourquoi n'en ferait-on pas autant pour le monde politique ? Des changements institutionnels qui démocratisent la représentation politique seraient aussi bénéfiques : va-t-on enfin accorder le droit de vote aux immigrés résidents permanents, sans considération de nationalité ? À quand une représentation parlementaire partiellement proportionnelle ? De telles mesures seront-elles suffisantes ? Nul ne peut le dire. Elles sont, en tout cas, nécessaires. On verra alors s'il faut aller plus loin et comment.

Il n'y a pas que la représentation politique. Le rôle des médias aussi est considérable, et d'abord à travers les représentations qu'ils forgent. Trop souvent, elles sont dévalorisantes, quand elles ne cèdent pas à des amalgames presque permanents qui associent terrorisme, islam et immigration. Il y a eu aussi dans la parole publique des débordements inqualifiables, notamment de la part de l'actuel président de la République, qui était alors ministre de l'intérieur. Ces manières de parler – racaille, Kärcher… – légitiment le racisme ordinaire et accentuent les phénomènes de repli. Le comportement de la police, dans les quartiers, est discriminatoire, et fait peser un soupçon permanent sur les individus, notamment les jeunes. La traque des sans-papiers, affichée comme un objectif majeur de l'action gouvernementale, l'identité nationale, élevée au rang de ministère – une première en Europe ! –, stigmatisent tout immigré ou enfant d'immigré. Tout cela crée une atmosphère détestable d'oppression et de racisme, aux antipodes de ce qu'il faudrait faire, c'est-à-dire, au contraire, sécuriser la situation des personnes, leur accorder une place véritable dans la société, les reconnaître comme des acteurs à part entière. Cela passe aussi par des actes publics de reconnaissance, en particulier des mémoires blessées, notamment du fait de la colonisation. Une reconnaissance officielle de la responsabilité de la France dans la répression de la manifestation FLN du 17 octobre 1961, qui a fait de très nombreux morts, serait déjà un signe considérable.

Cette responsabilité est nationale, mais elle est aussi européenne. Il faut certes une politique européenne de l'immigration, car ce n'est qu'à l'échelle communautaire que ces questions peuvent être correctement posées. Mais je dois avouer que celle-ci est en l'état très mal engagée. Lorsque la directive « Retour », que des associations ont baptisé la « directive de la honte », qui organise le retour des immigrés entrés illégalement, a été présentée au Parlement européen et qu'elle a été adoptée, y compris par la majorité du groupe socialiste au sein de l'hémicycle, j'ai eu honte pour l'Europe. Cette Europe offre aujourd'hui au reste du monde une image catastrophique de forteresse assiégée. Nous avons besoin de renverser complètement la vapeur en la matière. C'est aussi une question de réalisme. L'immigration est un phénomène durable.

On a toujours lié la politique de l'immigration au ministère de l'Intérieur, aux contrôles, aux réglementations. Il n'y a jamais eu une politique consciente de la transformation de la société qui donne une véritable responsabilité de médiation aux politiques publiques. On a créé un état d'esprit selon lequel la question de l'immigration relevait purement et simplement du domaine du maintien de l'ordre. Or, dans toutes les sociétés européennes, s'il est un symbole de l'échec des politiques d'immigration et d'intégration, c'est bien celui de l'école. Le changement du rôle de l'école n'a jamais été pensé de manière radicale : le rôle de l'institution comme celui des enseignants doit changer avec la présence d'enfants venus d'horizons différents. Il ne suffit pas de dire : il faut qu'ils s'intègrent par l'école. Au sein de l'équipe municipale de Francfort, nous n'avions pas perçu à quel point le rôle de la langue était important pour permettre à tous la maîtrise des codes. Au niveau de la maîtrise orale de la langue en France, on constate qu'il n'y a pas vraiment de problème, mais c'est bien la maîtrise de l'écrit qui est décisive, et là, il existe des différences dramatiques suivant le groupe dont on est issu. Ce problème est trop systématiquement minimisé : pourtant, sans intégration linguistique, il ne peut y avoir d'égalité. Et cela n'a rien à voir avec l'instrumentalisation de l'apprentissage de la langue comme condition d'entrée dans l'Union européenne. Faute d'avoir les moyens de cet apprentissage, les immigrés se sont ajoutés aux cohortes déjà longues des laissés-pour-compte de la société. Ce n'est pas seulement une question de politique sociale. Une politique d'égalité doit être une politique transversale.

Elle concerne autant la culture, par exemple, que les politiques classiques d'assistance. Une politique de l'immigration, c'est une politique qui se demande comment permettre l'égalité.

L'enjeu du multiculturalisme, aujourd'hui, est de savoir si nous voulons vivre dans une société ouverte ou dans une société fermée. La diversité (et son respect) est un des fondements de la démocratie. C'est également un des principes majeurs de l'écologie politique. C'est pourquoi je vois la diversité culturelle comme une valeur et non comme un fardeau. La société multiculturelle, ce n'est pas une vision utopique : c'est une réalité. Une réalité avec laquelle il faut travailler. L'utopie que je porte, c'est celle, parfaitement réalisable, de la société ouverte, où les uns et les autres se sentent chez eux.

V
Le devenir Europe

J'ai beau désirer de toutes mes forces une Europe réconciliée avec ses peuples et capable de répondre aux espoirs qu'elle peut susciter, il m'arrive parfois de douter. Non pas faute de croire en la force de l'idéal européen et d'y trouver les réponses pour affronter le monde d'aujourd'hui et de demain, mais en raison du manque de volonté de nos gouvernements pour le porter. Je n'aime pas quand l'Europe n'est pas à la hauteur de ses ambitions, des espoirs mis en elle par celles et ceux qui se sont engagés dans cette aventure au lendemain de la Seconde Guerre mondiale, qu'elle déçoit les attentes de justice et de liberté qu'une bonne partie du monde place en elle. C'est pourquoi je suis révolté quand Nicolas Sarkozy, en tant que président de l'Union, justifie sa présence lors de l'ouverture des jeux Olympiques de Pékin alors que la répression s'exerce aux yeux de tous. Pas plus que je ne comprends l'attitude de la gauche au Parlement européen qui refuse de soutenir mon groupe en faveur de l'attribution du prix Sakharov des droits de l'homme à Hu Jia, finalement décerné avec les voix de la droite. Le sens de l'Europe, c'est d'abord d'être à la pointe du combat pour la démocratie et les droits de l'homme. C'est aussi d'être un exemple de coopération réussie et efficace et, on l'a malheureusement vu face à la crise financière, économique et écologique, nous sommes encore bien loin du compte. Néanmoins, ces insuffisances sont celles d'une certaine pratique de l'Europe, et elles ne sauraient, loin de là, condamner le projet européen. Je suis convaincu qu'il n'y a pas de solution véritable à nos problèmes qui ne soit européenne. Mon projet pour l'Europe, c'est que l'Europe retrouve le sens du projet, et s'en donne les moyens. La parole sera à nouveau donnée aux citoyens européens en juin prochain pour qu'ils désignent leurs représentants au Parlement européen. Je souhaite qu'il en sorte un message d'espoir de sortie de crise et de relance de l'Europe.

L'Europe face à la crise

Là où le manque d'Europe éclate, c'est en effet dans la gestion de la crise financière, et plus encore dans la réaction à la crise économique. Chacun des États de l'Union y va de son petit plan de relance, comme si nous n'avions pas compris qu'il n'y aura pas de sortie de crise qui ne soit européenne. Ce serait risible, si c'était sans conséquence. Car une chose est sûre : aucun de nos États n'est aujourd'hui de taille à engager la politique d'investissement qui serait nécessaire : l'Europe, si. Mais l'Europe des États demeure tristement aux abonnés absents.

Au lendemain de la guerre, en scellant leur réconciliation, la France et l'Allemagne ont permis d'émanciper le continent de ses horreurs historiques. L'Europe n'a pu se faire qu'avec l'assurance, après la défaite de l'Allemagne nazie et la dislocation des empires coloniaux, qu'aucun État européen n'était plus hégémonique et que cette construction pouvait être égalitaire. La réunification de l'Allemagne en 1990, avec ses plus de 80 millions d'habitants au centre de l'Europe, a un moment réveillé la crainte que l'équilibre jusque-là trouvé soit menacé. L'intelligence de Mitterrand à ce moment-là fut d'imposer l'euro. Le courage incroyable de Kohl fut de l'accepter, en sacrifiant le deutsche Mark dont la puissance faisait la fierté et même une bonne part de l'identité de l'Allemagne d'après-guerre. On oublie trop souvent qu'avant d'être un outil économique, l'euro fut d'abord un formidable instrument d'approfondissement de l'Europe.

Le couple franco-allemand, qui a toujours été là dans les grandes crises européennes pour chercher à surmonter les conflits, est aujourd'hui impuissant et paralysé. Au-delà des désaccords, c'est le style propre à ses actuels dirigeants qui empêche une véritable entente : une Angela Merckel hyperprudente d'un côté et un Nicolas Sarkozy hyperactif de l'autre. Un cocktail explosif et à coup sûr destructeur dans la situation présente ! La prudence, si elle n'est pas active, n'intègre rien, et l'hyperactivité désintègre les institutions existantes. Sarkozy a eu de bonnes intuitions : mais au Conseil, il crispe tout le monde, et ne parvient pas à entraîner les autres, pendant que Merckel reste totalement tétanisée et, en réaction, se laisse aller à la tentation d'un souverainisme économique allemand. Elle n'a pas la conviction européenne chevillée au corps. Quant aux autres États, chacun cherche à tirer son épingle du jeu à moindre coût. Les Britanniques, pour n'avoir pas eu le courage de l'Europe quand il le fallait et avoir boudé l'euro, ont ruiné leur économie. La modernisation blairiste du Royaume-Uni s'est bâtie sur la finance autour de la City. Le bluff vient de voler en éclat et Gordon Brown en est réduit à présent à faire de la dévaluation compétitive, comme l'Italie d'antan.

Alors que nous aurions besoin de politiques économiques intégrées, nous sommes dans la juxtaposition, pas même la coordination, de plans de relance nationaux. Nous en sommes au point où Jean-Claude Trichet, le patron de la Banque centrale européenne, l'institution qu'on croyait la plus hostile à toute forme de collaboration politique, en vient à supplier les gouvernements d'aller vers une intégration croissante de leurs politiques économiques. Aujourd'hui, l'avenir de l'euro – dont, au passage, on oublie de se féliciter qu'il existe et qu'il a été un bouclier pour les pays européens – passe par une telle intégration. Les États-membres sont en concurrence les uns avec les autres pour le financement de leurs plans de relance respectifs. Selon une banque d'affaires réputée, si un grand emprunt européen avait été lancé, c'est plus de 30 milliards d'euros qui auraient déjà été épargnés et qui auraient pu être injectés dans la relance de l'économie européenne. Or, ni la BCE, ni la Banque européenne d'investissement, ni l'Eurogroupe, le Conseil de l'Euro, n'ont la compétence de garantir les emprunts des États. Plus j'y pense, plus je suis intimement convaincu qu'au caractère exceptionnel de la crise doit correspondre une réponse tout aussi exceptionnelle. Au regard de la gravité de la situation que nous traversons, j'entends donc demander que le Parlement qui sera nouvellement élu vote pour qu'une coordination de ces trois instances puisse émettre pour 1 000 milliards d'« eurobligations » sur cinq ans, afin de financer un véritable plan de transformation de nos systèmes productifs dévastés par les crises financière, économique, sociale et écologique.

Faiblesses et insuffisances de l'Europe

Le repli national des principaux États européens face à la crise s'appuie sur la désaffection d'un certain nombre de citoyens envers l'Union.

Les échecs successifs des référendums nationaux français, néerlandais, puis irlandais, ont souligné la conscience diffuse, chez certains citoyens, que la construction européenne leur échappe. Le sentiment d'une Europe aménagée, par des élites coupées des préoccupations quotidiennes du « peuple », pour faciliter la mondialisation financière et le démantèlement des systèmes de protection sociale et des services publics l'a emporté aux yeux de beaucoup. La défiance envers les institutions et politiques européennes se nourrit de l'idée que l'Europe est lointaine et hors de tout contrôle démocratique. Pourtant, l'essentiel des décisions européennes sont prises soit en codécision avec le Parlement européen, soit sous forme de compromis entre les États.

Cela nous amène souvent à réagir à fronts renversés : là où beaucoup voient les méfaits de « l'Europe », moi, démocrate européen, je reconnais les tares des compromis intergouvernementaux, bref, une insuffisance d'Europe ! Ce paradoxe ne me semble jamais aussi clair que lorsque j'entends les responsables nationaux se défausser de leurs responsabilités – c'est-à-dire de leurs décisions ! – devant leurs opinions publiques nationales sur

« Bruxelles ». Grand classique de la politique européenne : le positif, c'est moi, les contraintes, c'est l'Europe. Comme le disait ironiquement Jean-Louis Bourlanges à ce sujet : « Bruxelles est un chaudron de sorcière où s'élaborent des décoctions aussi funestes que mystérieuses. » Alors que la plupart des décisions européennes sont intergouvernementales, le Conseil européen, la Commission et même le Parlement sont confondus dans une même et vague entité, « l'Europe », qui serait la cause extérieure de nos maux.

La relative prééminence de l'intergouvernemental sur le communautaire est sans doute le principal problème de l'Europe aujourd'hui. Le politique le plus fédéraliste, le plus communautaire au sens européen, devient nécessairement intergouvernemental dès qu'il appartient à un gouvernement. Prenez Dany Cohn-Bendit dans un gouvernement, il deviendra intergouvernemental ! J'ai compris cela lors du grand discours de Joschka Fischer à Postdam en 2000, qui appelait à une fédération européenne : c'est en fait un discours intergouvernemental. Il a été perçu comme un discours de renouveau pour l'Europe, à tel point que quelqu'un comme Hubert Védrine a cru nécessaire de s'y opposer au nom d'une Europe des nations, mais fondamentalement, c'était un discours intergouvernemental.

Tout se passe en effet comme si les Européens n'étaient pas en mesure de penser la démocratie en dehors du contexte de l'État nation. Nos démocraties se sont toutes formées dans le cadre strict d'une communauté nationale et les États nations restent aujourd'hui les principaux acteurs dans la construction européenne : c'est en acceptant de se départir d'une part de leur souveraineté et de renoncer à défendre certains intérêts particuliers qu'ils élaborent un intérêt général communautaire. Enfants de leur patrie, les citoyens européens, leurs élites et leur personnel politique formés à cette école de la nation peinent ou rechignent à sortir des cadres de référence hérités. Les cultures politiques nationales imprègnent profondément notre vision de l'Europe : elle trop libérale pour les Français et trop contraignante, pour ne pas dire socialiste, aux yeux des Britanniques ; elle n'est pas assez intégrée pour certains, et ressemble à Moscou pour d'autres…

Or, il n'est pas vrai que les institutions européennes ne sont pas démocratiques : le Parlement, en premier lieu, est élu au suffrage universel. Le Conseil européen réunit des chefs de gouvernements démocratiquement élus dans leurs États respectifs, et la Commission est désignée par le Conseil, tout en étant investie par le Parlement. Que ce soit de manière directe ou indirecte, les institutions européennes procèdent donc de modes de désignation tout à fait démocratiques. Le problème est autre : quoique formellement démocratiques, ces institutions, et davantage encore leurs décisions, apparaissent à beaucoup comme prises sans concertation et émanant d'un pouvoir non identifiable. Car, de même que l'Union européenne n'est pas un État, la Commission européenne n'est pas un gouvernement au sens où nous l'entendons classiquement : c'est-à-dire une instance politique responsable devant le peuple ou ses représentants directs. C'est le fonctionnement de l'Union européenne qu'il est nécessaire de clarifier, de simplifier et auquel il faut redonner légitimité et efficacité.

Le manque de légitimité politique est en outre aggravé par le caractère technocratique de nombreuses décisions prises par la Commission européenne. Parce que l'intégration européenne s'est faite à travers la construction d'un marché commun, et que l'une des tâches principales de la Commission est justement de veiller au respect de ces règles communes par les entreprises qui profitent de ce marché élargi, elle s'occupe beaucoup de politique de concurrence. Celle-ci polarise ainsi toutes les critiques, quand bien même elle s'avère capable d'infliger une amende de 899 millions d'euros à Microsoft pour abus de position dominante en 2004 et en 2008. Dans la formation de l'intérêt général européen, la Commission joue néanmoins un rôle fondamental car elle est se situe théoriquement au-delà des États-membres. Mais, progressivement, la doctrine de la Commission a glissé du consensus autour de l'économie sociale de marché à la dérégulation néolibérale. L'actuelle Commission présidée par José Manuel Barroso adhère ainsi à une conception très idéologique de l'autosuffisance des marchés et se défie de toute forme réelle de régulation. Conséquence, au lieu de représenter le contrepoids qu'elle aurait dû être en face des États, la Commission Barroso s'est trop souvent bornée à critiquer toute réglementation, renforçant ainsi paradoxalement le pouvoir des États.

L'Europe, école de la complexité

Toutefois, malgré ses imperfections, l'Union européenne est aujourd'hui, dans le monde, le seul exemple fonctionnel d'une démocratie supranationale, c'est-à-dire exercée dans un cadre plus large que l'État nation. Les institutions européennes se situent très au-delà d'une simple structure de négociations internationales. Cet « objet politique non identifié », comme l'a qualifié un jour Jacques Delors, ne peut être assimilé à aucun modèle institutionnel déjà connu, mais se veut le lieu où un ensemble de peuples appelés à se constituer en communauté cherche à dégager un intérêt général commun.

Cet intérêt général européen est une chimie délicate, frustrante parfois, traversée d'innombrables clivages. Sa formation, dans le creuset des institutions de Bruxelles, se réalise à travers la confrontation systématique de multiples intérêts contradictoires, nationaux certes, mais aussi catégoriels, professionnels, citoyens, politiques. Mais le champ de cette discussion est bien plus large que celui des seules institutions européennes. La société civile développe une démocratie des réseaux, où l'expertise économique et scientifique se mêle aux revendications civiques et sociales. Cet ensemble un peu flou, où coexistent d'innombrables groupes constitués plus ou moins représentatifs et articulés, avec de simples citoyens tirant profit des nouvelles technologies d'information et de communication, comme Internet, pour exprimer des opinions individuelles, est désormais en dialogue permanent avec les institutions européennes. Cette société civile a rejoint des forces plus anciennement structurées, comme la Confédération européenne des syndicats, pour contrebalancer, au moins partiellement, le poids du lobbying des grands groupes industriels et des regroupements d'intérêts économiques. Quand je vois l'activité et l'efficacité du lobby automobile allemand, des agriculteurs français ou des producteurs d'électricité polonais, je voudrais que cette société civile européenne puisse être davantage encouragée et écoutée : il faudrait, par exemple, définir un statut européen de l'association.

Sans doute s'agit-il là d'une forme innovante, encore que balbutiante, de la politique, qui se présente comme une véritable école de la complexité. Elle privilégie la régulation, qui donne toute sa place à la discussion collective, à la loi, qui impose un cadre général unitaire. Elle laisse le maximum de latitude à l'échelon national ou régional, ce qu'on a appelé la subsidiarité. Il s'agit, comme on a pu parfois le dire, de gouvernance plutôt que de gouvernement. L'ampleur des problèmes auxquels nous sommes confrontés appelle et appellera de plus en plus ce genre de gouvernance, au niveau européen bien sûr, mais aussi au niveau mondial et même national : malgré ses limites, le Grenelle de l'environnement en est un bon exemple. Il reste toutefois, et c'est l'enjeu de la démocratie européenne dans les années qui viennent, à compléter cette gouvernance, qui repose sur la régulation, par de réels processus de représentation et de contrôle démocratique, qui reposent sur la participation des citoyens.

Impliquer les citoyens

Le traité signé à Lisbonne le 17 décembre 2007 devrait apporter de nombreuses modifications à l'actuel cadre institutionnel qui reste très déficient. Tout d'abord en permettant de dépasser les blocages de l'unanimité, donc des égoïsmes nationaux, par l'extension des décisions du Conseil à la majorité qualifiée. Il prévoit aussi de doter l'Union européenne d'un exécutif plus visible et plus cohérent, et renforce notamment la transparence, le contrôle et la légitimité démocratiques dans l'Union. Je pense par exemple à la Charte des droits fondamentaux, qui détaille de nombreux droits individuels que les citoyens peuvent exercer pour s'opposer à des décisions prises par les États et les institutions européennes. Mais les grandes avancées concernent surtout le Parlement : le traité de Lisbonne accroît ses pouvoirs de co-législateur, étend ses compétences en matière budgétaire, lui confie un rôle en matière de révision des traités, et l'implique dans un certain nombre de décisions jusqu'ici exclusivement réservées au Conseil. Si, comme je l'espère, le traité entre bientôt en vigueur, le prochain Parlement européen sera plus que jamais l'organe de contrôle démocratique de l'action des institutions européennes.

Des incertitudes pèsent encore sur sa ratification, mais quel que soit le destin du traité de Lisbonne, il y a une chose dont je suis certain, c'est que l'Europe aura besoin, dans les dix ans qui viennent, d'une véritable Constitution. Les défis aujourd'hui sont tels qu'il faut donner à l'Europe les moyens d'agir plus fortement en surmontant ses blocages. Mais cela ne se fera pas en court-circuitant les peuples, et pas davantage en offrant aux souverainistes la tribune des référendums nationaux. Ces référendums sur des sujets européens sont une contradiction en soi. Ils reconduisent à l'échelle des peuples la règle de l'unanimité qui prévaut dans l'intergouvernemental. Aussi, quand on cherchera à valider la prochaine Constitution européenne, il faudra donner à la société européenne un début d'existence dans le processus même de consultation des citoyens : le référendum paneuropéen à double majorité.

Le même jour, dans toute l'Europe, tous les Européens, c'est-à-dire les « citoyens résidentiels », (tous ceux qui sont en possession d'un titre de séjour durable), sont consultés sur la même question. La double majorité, c'est une majorité d'États-membres et une majorité de la population de l'Union européenne. On peut même, dans les deux cas, penser à des majorités qualifiées qui pourraient se situer autour de 60 % des États et de la population, par exemple. Les États-membres qui auraient refusé le texte se verraient proposer l'alternative suivante : continuer ou non l'aventure commune. Après tout, je rappelle qu'en 1949, l'Allemagne s'est constituée de cette manière : la Bavière avait refusé le *Grundgesetz*, la loi fondamentale de la République fédérale d'Allemagne, mais les autres États l'ayant tous acceptée, elle a finalement décidé de les rejoindre. C'est aussi ce qui est arrivé au moment de la constitution des États-Unis d'Amérique, puisque l'État de Rhode Island, après avoir rejeté la Constitution approuvée par les autres, s'y est rallié deux ans plus tard. Une fois n'est pas coutume, qu'on me permette de me référer à l'un des grands prédécesseurs des Verts européens, qui, avec Adenauer, avait compris que l'Europe était l'horizon de la réconciliation franco-allemande : le général de Gaulle, qui déclara en 1949 que « l'organisation de l'Europe doit procéder de l'Europe elle-même » et qu'un « vaste référendum [devrait en] donner le départ ».

Dans le même ordre d'idée, Bronislaw Geremek avait, l'an dernier, proposé au Parlement d'examiner l'établissement de « consultations citoyennes d'intérêt général », organisées simultanément dans toute l'Union européenne chaque fois que l'actualité politique de l'Union l'exige, ou chaque fois que l'avenir de celle-ci était en jeu, en posant à tous les citoyens européens, le même jour, une ou plusieurs questions identiques, simples et concrètes, liées aux domaines fondamentaux et aux réformes envisagées. Il ajoutait que les questions soumises aux élécteurs doivent faire appel à leur imagination et non pas à leurs compétences juridiques. C'est une manière de politiser les débats européens, et de les rapprocher des citoyens. C'est aussi une façon de contribuer à l'émergence d'un espace public transnational. La désaffection démocratique et les taux d'abstention électorale ne sont pas une fatalité, comme on l'a vu en 2007 en France ou aux États-Unis en 2008. Les citoyens se mobilisent d'autant plus fortement qu'ils perçoivent des enjeux clairs et importants. Proposons leur donc de se prononcer sur des enjeux bien définis.

Pour avancer vers cet espace public européen, pour avoir une expression politique européenne et des débats européens, je pense, et je ne suis pas le seul, qu'il faut changer le mode d'élection du Parlement européen. Sans abandonner totalement les listes nationales, on pourrait imaginer qu'à partir de 2014, un tiers des députés du Parlement européen soient élus sur la base de listes transnationales, dont les têtes correspondraient aux candidats des partis et groupes européens à la présidence de la Commission. On garderait ainsi un ancrage territorial clair pour les deux tiers des candidats restants, mais les autres seraient obligés de mener campagne à l'échelle de l'Union tout entière, d'apprendre à parler aux Grecs comme aux Suédois, aux Irlandais comme aux Slovènes. J'y vois un moyen très puissant de faire naître cet espace politique, tout en « dramatisant » un peu l'enjeu européen.

Dernier étage de cette démocratisation des pratiques politiques de l'Union européenne, le droit d'initiative. Le traité de Lisbonne envisage déjà l'éventualité d'une initiative citoyenne mais, en tant qu'organe démocratique supranational, le Parlement devrait pouvoir prétendre à l'initiative législative, sous certaines conditions de procédure. Je suis en effet frappé dans l'ensemble par la capacité du Parlement à s'élever à la hauteur des enjeux européens, malgré quelques ratés, certes, comme ce fut le cas à propos de l'adoption du paquet climatique où l'on a malheureusement vu resurgir les réflexes nationaux d'une majorité d'eurodéputés.

Dotée de telles institutions, l'Europe pourrait enfin mener des politiques actives dans les domaines de l'énergie, des transports, de la recherche, et dépasser les limites qu'elle rencontre encore, dont la politique en matière d'écologie est un bon exemple.

Un espace privilégié pour l'écologie politique

L'écologie dans un seul pays est par définition vouée à l'échec. La Suisse est peut-être très propre, la Suède exemplaire en matière de politique environnementale et certains partis Verts nationaux très actifs dans les gouvernements de quelques États de l'Union, mais la question environnementale, par essence, ne connaît pas de frontières. En matière d'écologie, il n'y a que des interdépendances. En matière de politique écologique, il ne peut y avoir que des coopérations comme celles que propose l'Union européenne.

À ses débuts, dans les années 1960, l'Europe des Six va essentiellement s'attacher à définir une politique agricole commune. À l'époque, la mise en place d'un système productiviste visait à garantir l'autosuffisance alimentaire de l'Europe, ce qui n'incitait pas vraiment aux précautions écologiques. Mais quand elle a pris conscience de ce risque, et les pays d'Europe du nord furent à l'avant-garde de cette préoccupation, l'Europe s'est assez rapidement dotée d'une politique environnementale. Après avoir proclamé 1970 « Année européenne de l'environnement », après le rapport du club de

Rome et le premier sommet de la Terre à Stockholm en 1972, la Communauté européenne a couru pour rattraper son retard sur les États-Unis et le Japon en matière de lutte contre la pollution liée au développement urbain et industriel. Depuis Maastricht en 1992, la défense de l'environnement figure explicitement dans les objectifs des traités européens, de même que le développement durable depuis Amsterdam en 1997.

Au nom de la santé publique ou de la préservation des écosystèmes, la Commission s'est saisi des dossiers environnementaux. Elle est devenue un moteur essentiel dans l'adoption d'une réglementation contraignante à l'échelle européenne, que ce soit pour améliorer la qualité de l'eau (première directive en 1975), protéger les oiseaux migrateurs (directive de 1979), protéger la qualité des sols (première directive en 1985), conserver les habitats naturels (première directive en 1992), ou encore réduire les déchets (directive-cadre en 2006).

Ainsi, ce sont la Commission et le Parlement européen qui, au sein des institutions communautaires, s'avèrent être les plus combatifs et les plus avancés dans la poursuite de ces objectifs. À l'opposé, ce sont les États-membres, et parfois des alliances entre droite et gauche au Parlement européen, qui trop souvent tentent d'entraver ce processus. Au prétexte que ces directives environnementales menaceraient certains de leurs « intérêts nationaux », les États dont l'activité est la plus directement concernée par les mesures proposées n'hésitent pas à faire valoir leur « droit de veto », en usant de la règle de l'unanimité pour vider les directives environnementales d'une partie importante de leur substance.

L'histoire récente de la directive REACH (*Registration, Evaluation, and Authorization of Chemicals,* soit le système d'enregistrement, de test et d'autorisation des substances chimiques employées dans l'industrie et les biens commercialisés en Europe) tient ici du cas d'école. Comment, en effet, arbitrer entre les intérêts très divergents des travailleurs de l'industrie chimique, ceux des entreprises qui bénéficieraient ou souffriraient de cette directive, les intérêts nationaux des États-membres où ces industries sont fortement implantées, le souci de la protection des citoyens européens et de notre environnement commun ? Sur ce dossier, la Commission, qu'on accuse souvent d'ignorer les intérêts réels des gens, s'est montrée beaucoup moins sensible aux arguments des grands groupes industriels et financiers que les classes politiques nationales. Cédant aux pressions des lobbys de la grande industrie, les gouvernements choisirent ainsi de confier le dossier aux ministres de l'industrie plutôt qu'aux ministres de l'environnement. Les plus hautes autorités politiques de trois grands États-membres sont même montées au créneau pour considérablement édulcorer le projet de directive élaboré en octobre 2003 par la Commission et jugé trop « environnementaliste » à leur goût. Le résultat du bras de fer engagé à de quoi décevoir l'écologiste que je suis et je ne me suis pas privé de le faire savoir. Les choix, les compromis, les demi-mesures qui en résultèrent montrent bien la faiblesse de l'Europe en matière d'action commune, sur un dossier pourtant crucial. Plus récemment encore, lors de la réunion du Conseil européen de décembre 2008 consacrée à la limitation des émissions de gaz à effet de serre et à la lutte contre le réchauffement climatique, il s'en est fallu d'un cheveu que la règle de l'unanimité n'empêche d'aboutir à l'adoption du paquet énergie climat. L'accord qui en a résulté n'a été obtenu qu'au prix d'importants reculs par rapport à l'ambition initiale de la Commission.

Redistribution, solidarité et services publics

Le rôle de l'Europe ne se limite toutefois pas à conduire les politiques dont elle a la charge. Elle doit aussi réduire les inégalités entre les États qui la composent, et les aider à assurer leur cohésion intérieure. La crise actuelle pose crûment la question de la solidarité à l'échelle européenne. Nos États ont, chacun à leur manière, construit des politiques sociales qui aspirent théoriquement à ne laisser personne sur le bord de la route. Il faut absolument défendre cette préoccupation majeure de la dimension humaine de l'économie comme un trait caractéristique de l'héritage européen. C'est ce qu'on appelle communément le modèle social européen. Mais devant l'inégalité des pays face aux crises qui les frappent, l'Europe doit aider chacun d'eux à maintenir cette solidarité et non les inciter à la rogner en faisant croire à la fable de l'enrichissement et de la responsabilité purement individuels.

L'Europe pourrait ainsi mettre en avant sa conception des services publics. Or cette question est exemplaire des malentendus européens. D'un côté, la Commission, pour des raisons idéologiques, donne parfois l'impression de pourfendre les services publics et de vouloir à tout prix les remplacer par un marché concurrentiel. De l'autre, certains États, comme la France, utilisent cette situation pour ne pas ouvrir le débat sur les services publics et en rester à l'alternative marché/services publics, sans voir que sa conception du service public est en crise. Les partisans du marché s'abritent derrière la Commission et donc l'Europe, leurs adversaires se figent dans la défense du statu quo, donc contre l'Europe. En réalité, ce qu'il faudrait, c'est d'abord s'interroger sur les besoins sociaux à satisfaire (santé, éducation, transports, etc.) avant d'envisager les moyens les plus appropriés de les satisfaire, avec des cahiers des charges contraignants. Les réponses peuvent d'ailleurs varier d'un pays à l'autre, en fonction d'histoires différentes, mais la visée serait commune. Dans ce débat, soit on conçoit l'Europe comme une France en grand, avec transposition à l'échelle européenne de la conception française des services publics, soit on les restreint au nom de la libre concurrence. Un nouveau modèle de missions publiques, avec cahiers des charges, est difficile à avancer. C'est pourtant ce que fait le droit européen en prenant de plus en plus en compte les spécificités des services publics, et la notion d'intérêt général non marchand. La Cour de justice a plusieurs fois réaffirmé qu'il est possible de faire des exceptions au principe de la libre concurrence pour prendre en compte les spécificités des services économiques d'intérêt général, qu'elle assimile explicitement au concept français de service public.

Mais ce qui est propre à l'Europe, c'est une politique redistributive originale. Les fonds structurels et les fonds de cohésion permettent des redistributions, au sein de l'Europe, entre États et régions et la réduction des différences entre eux. Quand on a procédé à l'élargissement de l'Europe, qu'on aurait d'ailleurs dû plutôt appeler réunification, on a beaucoup dit qu'il aurait fallu faire l'approfondissement avant l'élargissement. C'était méconnaitre la fantastique aspiration à la liberté, et donc à l'Europe, qui s'est emparée des peuples de l'Est européen après la chute du mur de Berlin. Le problème n'est pas que la réunification ait été trop rapide, mais que nous n'avons pas été à la hauteur de l'élargissement. La folie ici, c'est d'avoir voulu vouloir faire une Europe à 25, puis à 27, avec les mêmes moyens et les mêmes règles que l'Europe à 15. Les États ayant refusé de porter le budget de l'Union au-delà du seuil de 1 % de leur PIB, les fonds européens alloués à certaines régions de l'Irlande et du sud de l'Europe ont soudainement été redirigés vers les régions les plus démunies des anciens pays de l'Est. Du jour au lendemain, certains pays bénéficiaires sont devenus débiteurs. On trouve là en partie une explication du refroidissement de l'opinion de ces pays à l'égard de l'Europe, en dépit des bénéfices importants qu'ils en ont tiré jusqu'à un passé très récent. Pour les nouveaux entrants, dont les besoins de mise à niveau de leurs économies étaient gigantesques, la capacité européenne d'investissement était tout à fait insuffisante ; infiniment moindre proportionnellement que celle mise en œuvre par l'ex-RFA en ex-RDA. De fait, les fonds européens alloués à la politique redistributive sont aujourd'hui notoirement insuffisants. Une politique de relance économique européenne ne se fera pas sans une augmentation très substantielle du budget européen et du niveau de ces fonds. Parallèlement à cette politique redistributive, l'Europe doit aussi préparer l'avenir, et développer considérablement ses politiques d'investissement, de recherche et d'éducation. Ce n'est qu'en se montrant à la hauteur des enjeux de la crise actuelle qu'elle pourra convaincre tant ses citoyens que ceux qui hors d'Europe suivent avec intérêt l'expérience européenne, que celle-ci vaut le coup.

Un nouveau projet européen

Initiée et mise en œuvre depuis les années 1950, la construction européenne a reposé pendant un demi-siècle sur la très forte légitimité historique de deux grandes ambitions : paix et prospérité partagées. À l'heure où ces ambitions semblent avoir été atteintes, le projet européen est dans l'attente d'un second souffle. J'insiste : il faut rendre sa légitimité politique au projet européen. Définir l'Europe de demain, ce n'est pas sanctuariser une identité européenne dans une géographie incertaine, une religion en déclin ou quelque autre définition ethnique ou culturelle. C'est s'interroger sur ce que l'Europe peut apporter aux citoyens et aux États qui la composent, et sur ce qu'elle doit apporter au monde incertain et déchiré qui est le nôtre.

Geremek, qui était historien et savait à quel point le passé commande l'avenir, rappelait que les nations d'Europe ont justement fondé leur volonté de vivre ensemble dans une Europe « unie dans la diversité » sur le rejet d'un passé commun fait de douleur, de larmes et de sang et sur la recherche d'un avenir de paix et de prospérité partagées. L'histoire de la construction européenne remonte en effet bien en amont de l'intégration institutionnelle. Et c'est une histoire pleine de bruit et de fureur : des guerres de religion aux massacres qui ont accompagné la colonisation, sans parler des deux guerres mondiales, et plus encore de la barbarie nazie culminant dans la Shoah, le passé de l'Europe charrie sans doute le plus grand musée des horreurs. Plus récemment, ce fut aussi la domination totalitaire sur près d'une moitié du continent et, plus près de nous encore, la guerre en ex-Yougoslavie, alors même que l'Europe institutionnelle constatait son impuissance. Voilà qui nous rappelle que l'Europe d'aujourd'hui s'est construite contre ces atrocités et cette barbarie. Les valeurs incarnées par l'Europe, celles de l'humanisme, de l'égale dignité des personnes humaines, de la liberté de l'individu et de la solidarité sont un devoir, non un héritage dont nous serions les légataires universels et perpétuels. Notre histoire est celle d'une longue et difficile réconciliation : voilà sans doute un témoignage que l'Europe peut porter à l'extérieur.

Car aujourd'hui, le principal défi pour l'Union européenne vient de la mondialisation. L'Union européenne est davantage qu'une simple question de construction de l'intérêt général européen des pays qui la composent. Elle est aussi un acteur beaucoup plus large de la pacification des rapports à l'échelle mondiale. Elle ne se construira pas contre les autres, comme les nations d'hier. Elle n'affrontera pas la mondialisation, comme certains le répètent à l'envi, par un protectionnisme européen, comme s'il suffisait de transposer les réflexes nationaux traditionnels. D'ailleurs, il est abusif de dire que l'Europe est un grand marché ouvert à tous les vents : qu'est-ce que la PAC (politique agricole commune), sinon un véritable système protégeant l'agriculture européenne ? Sauf que cela se fait au détriment des agricultures émergentes des pays en développement. Les critères écologiques et sociaux proposés par les directives européennes doivent être aussi des critères permettant de réguler la mondialisation. La régulation écologique de l'agriculture doit être la norme dans nos relations avec les pays en voie de développement, qui ont droit eux aussi à la souveraineté alimentaire. Réformer la PAC dans un sens plus solidaire, l'inscrire dans une logique de développement durable, tout en lui gardant son aspect protecteur pour les agriculteurs européens, est une des urgences d'une Europe qui voudrait montrer un autre visage au monde.

L'Union européenne peut être aujourd'hui un acteur majeur dans le désordre mondial. Dans un monde multipolaire et post-occidental, l'Europe peut jouer un rôle structurant, en promouvant une régulation diplomatique des conflits et une coopération internationale fondée sur la réciprocité, ainsi que des politiques écologiques de lutte contre le réchauffement climatique, d'économie d'énergie, de préservation des ressources de la planète. Mais, pour cela, il faut d'abord qu'elle convienne de la nécessité de parler d'une seule voix, et fortement. Cela suppose qu'elle s'attaque aux incohérences entre sa politique commerciale et ses politiques d'aide au développement, à la fois généreuses et insuffisantes, et qu'elle rompe avec une politique d'immigration qui fait ressembler l'Europe à une forteresse assiégée. Sur ces deux points, il faut un changement radical d'orientation, pour s'engager dans la définition d'une politique étrangère commune.

L'Europe doit ainsi devenir le laboratoire de ce que Ulrich Beck appelle le nouveau cosmopolitisme, qui est la prise en compte des interdépendances concrètes, écologiques, économiques et culturelles à l'échelle du monde et qui exigent de nous que nous affrontions les inégalités à ce niveau. Pour construire ces nouvelles solidarités cosmopolites, l'Europe a une responsabilité planétaire.

Conclusion

Edgar Morin avait raison : il faut une politique de civilisation. Ce n'est pas parce que Nicolas Sarkozy a repris l'expression, sans vraiment la comprendre, qu'elle n'est pas celle qui convient.

Il n'y a plus de débat sur la décroissance : nous sommes dans une décroissance subie, qui provoque une série de catastrophes, des pans entiers de l'économie qui s'effondrent, des personnes condamnées au chômage. Les menaces écologiques, à force d'être pour demain, sont pour aujourd'hui. Face à ces crises, j'ai tracé les grandes lignes de ce que pourrait être un programme d'action avec des propositions fortes pour entrer résolument dans la société de la connaissance et de l'échange, la société pollen. Pour cela, il faut sortir du cadre national, tout en s'y appuyant : c'est ce que devra faire l'Europe rénovée et démocratique pour laquelle je plaide, en proposant de la réformer. Nous avons les propositions de régulation économique ou écologique qui conviennent. Mais voilà, comment fait-on ?

La question aujourd'hui est celle de la transformation du mode de production et de consommation, des fondements même de l'économie et d'une certaine manière du vivre ensemble. Comment change-t-on les rapports sociaux, les modes de vie ? Une des choses que le slogan « travailler plus pour gagner plus » a occultées, en jetant le discrédit sur les 35 heures, c'est précisément cette question des modes de vie. La réduction du temps de travail n'a pas seulement pour fin de faire régresser le chômage, elle doit permettre de changer de mode de vie, de réduire l'opposition de la vie et du travail, de rééquilibrer la division entre le travail et les loisirs, de mieux partager les tâches ménagères entre les hommes et les femmes. On voit bien que c'est à la fois notre vie au travail qu'il s'agit de changer, et je reste attaché à l'idéal d'autonomie et de responsabilité que comportait le mot injustement décrié d'autogestion, et celle en dehors du travail, en particulier notre mode de consommation. Il nous faut à la fois sauver la demande d'autonomie de l'individu et récuser un individualisme qui nous porte à l'égoïsme mais aussi au conformisme. Nous avons besoin pour cela d'utopies descriptives, pour frapper les imaginations, faire évoluer les imaginaires. Comment une société change-t-elle d'imaginaire ? C'est la grande question du siècle. Car les sociétés se rêvent telles qu'elles existent. Nous sommes depuis longtemps dans le toujours plus. Il est extraordinairement difficile de sortir des cadres qui sont proposés à nos désirs, de ne pas penser dans le prolongement de nos comportements les plus ancrés. Je ne m'exonère pas de la question. Quand je suis en vacances dans le sud de la France, avec ma famille et mes amis, j'apprécie une vie consacrée à la convivialité, faites de moments partagés et de plaisirs simples. Mais alors, l'air de Francfort, de Bruxelles, de Strasbourg ou de Paris me manque. Et j'ai beau réunifier mes deux existences au maximum, je vis cette contradiction au quotidien.

Qui va décider de la société dans laquelle nous allons vivre ? Moi, du haut de mes convictions ? Un collège de technocrates, forts de leur expertise ? La majorité ? Et comment met-on de pareilles questions en débat démocratique pour qu'elles soient discutées et acceptées ? Si on n'affronte pas ces questions, on est dans une utopie normative, potentiellement totalitaire. On voit déjà poindre des réponses sécuritaires, qui jouent sur les peurs et disent aux gens : « Ne vous en mêlez pas. Faites-nous confiance. » C'est là qu'est le choix de civilisation : entre une société des inégalités, de la peur et du conformisme et une société de la confiance et du débat collectif.

D'ici vingt ans, il faudra rénover tout l'habitat. Ce sera l'équivalent en termes de croissance, mais aussi de transformation des modes de vie, de ce que fut, au début des années 1950, l'ère de l'électroménager, avec l'introduction du réfrigérateur, de la machine à laver, etc. Croit-on que cela pourra relever de la seule décision politique ? Cela ne se décidera pas d'en haut. Cela ne se fera pas sans débats, sans tensions : il nous faudra des lieux pour discuter collectivement des nouvelles normes d'habitat, des nouvelles manières d'habiter. Et c'est bien entendu la même chose pour la mobilité et les déplacements.

De tels débats doivent mobiliser le tissu associatif, les ONG, les syndicats, les citoyens activement organisés, se prolonger sur Internet. Il faut que les politiques aient le courage d'indiquer des pistes, des directions, tout en disant : « Je ne sais pas tout. Parlons-en ensemble. » Le pragmatisme n'est pas l'opportunisme : c'en est même le contraire. C'est prendre le temps du débat contradictoire et chercher à convaincre, une fois qu'on a tracé des orientations avec conviction. Et donc cela veut dire changer radicalement notre rapport à la politique.

Je passe – et sans doute pas totalement à tort – pour un personnage médiatique. Les événements de Mai 68 et mon rôle à l'époque de « porte-voix » de la révolte estudiantine m'ont conféré, en France et bien au-delà, une notoriété incroyable et qui ne cesse encore aujourd'hui de m'étonner. J'ai la chance de pouvoir me faire entendre facilement dans les médias et cela m'a permis de conserver une liberté de parole exceptionnelle et une très grande latitude dans ma façon d'être en politique. Je ne crains pas d'interpeller publiquement mes amis politiques et de critiquer les lourdeurs institutionnelles et partisanes dans lesquelles ils s'enferment parfois. Pour autant, je crois justement qu'il est fondamental de reconstruire une relation démocratique qui sache associer les groupes et les instances constituantes de la société, à tous les échelons (local, national, européen et planétaire). Encore une fois, la nécessité absolue est aujourd'hui de changer radicalement nos modes de vie. Nous n'y parviendrons que si nous sommes capables d'en faire le choix, ensemble. C'est difficile, ce n'est pas impossible. Osons-le ! Seul, je ne peux que plaider pour cette issue. Ensemble, nous saurons que faire.

Annexe

Pour une relance démocratique de l'Europe
Paru dans *Le Monde* du 29 Mai 2009

Il faut placer les citoyens au cœur de l'UE.

À quelques jours d'une échéance capitale pour l'avenir de tous les Européens, les listes Europe-Écologie ont d'ores et déjà prouvé deux choses qui pouvaient paraître impensables. Nous avons réussi à montrer qu'il est possible de réunir dans la même dynamique et un projet partagées trois grandes familles historiques de l'écologie politique : associatifs, acteurs des mouvements sociaux et militants politiques. Ce rassemblement est d'autant plus significatif qu'il a permis de dépasser, sans la nier, l'opposition entre deux camps politiques que beaucoup veulent croire irréconciliables.

Certes, les traumatismes de la campagne référendaire de 2005 demeurent. Valmy pour les uns, Waterloo pour les autres, l'affrontement a laissé de profondes traces dans l'opinion française. Car, très loin de la substance du texte, ce sont deux imaginaires antagonistes, deux perceptions des finalités et du sens de la construction européenne qui se sont cristallisé le 29 mai 2005. Depuis, une partie de la classe politique hexagonale en a fait un élément de son identité et s'obstine à vouloir rejouer le match, comme de vieux supporteurs nostalgiques d'une gloire passée, tandis que l'autre partie s'empresse d'en dissimuler les séquelles derrière la grande comédie de l'unité en dépit des blessures internes.

Pour ce qui nous concerne, nous avons fait le choix de la réflexion, de la clarification des divergences par le dialogue, la rencontre et l'entente, pour porter une vision commune. Quand on a le regard fixé dans son rétroviseur, on ne fait pas attention à ce qui est devant soi. Or il faut faire face à d'immenses défis, dont la complexité nous impose d'y répondre ensemble. Le danger de volatilisation de nos économies, l'augmentation de la souffrance humaine et les limites des réponses politiques classiques viennent ajouter de l'urgence sociale à l'urgence écologique désormais évidente pour tous : ces deux exigences s'imposent en même temps à l'action politique ; si l'on néglige l'une pour l'autre, on paiera la crise une nouvelle fois et bien plus cher. C'est dans ces moments que se décide l'avenir, et nous refusons de nous laisser enfermer dans des combats d'arrière-garde.

C'est dire à quel point la question des traités, de Lisbonne ou d'ailleurs, peut paraître secondaire. Suspendu au bon vouloir d'un président tchèque eurosceptique et ultralibéral, ou au seul choix d'un électorat irlandais assommé par la récession, le traité de Lisbonne entrera en vigueur en 2010 – ou pas. C'est un texte utile sur beaucoup de points. Il promet ainsi la fin des présidences tournantes du Conseil, donc des « sarko-show » nationaux. Surtout, il renforce considérablement le rôle de législateur du Parlement européen.

Malheureusement, dans la méthode (sordides marchandages intergouvernementaux) comme dans la substance, c'est un texte qui ne résout pas l'essentiel et laisse intact le profond déficit de légitimité politique qui mine la construction européenne depuis une quinzaine d'années. Or seule une réelle légitimation politique du projet européen par les citoyens pourra résoudre la crise persistante de confiance envers les institutions européennes.

C'est pourquoi nous proposons de relancer un véritable processus constituant, pour doter l'Europe d'une Constitution digne de ce nom – c'est-à-dire d'un texte court et intelligible par tous, commun à tous les Européens, rappelant les valeurs et les projets qui les unissent, décrivant les institutions et les droits qui les régissent et donnant une substance à la citoyenneté européenne qui reste encore une fiction.

Qu'il soit rédigé par une Assemblée constituante spécifique, par le prochain Parlement européen ou au sein d'une nouvelle Convention, ce texte tirera surtout sa légitimité de sa ratification par un référendum paneuropéen à la double majorité des États et des citoyens. Les peuples qui auraient choisi de le refuser pourraient alors poser en toute clarté la question de leur participation ou non à l'UE.

Malgré ses évidentes imperfections, l'Europe est aujourd'hui le seul embryon fonctionnel d'une démocratie supranationale. Mais, dans nos démocraties contemporaines, la légitimité politique se forge dans la participation des citoyens à l'espace public. Cette exigence de participation des citoyens européens est forte et ne doit pas être étouffée. Il faut y répondre en développant des pratiques démocratiques à l'échelle du continent.

Europe-Écologie en propose deux. Primo, des « consultations citoyennes d'intérêt général », chaque fois que l'avenir de l'Union européenne est en jeu, en posant à tous les citoyens européens, le même jour, une ou plusieurs questions simples et concrètes liées aux réformes envisagées. Secundo, un changement progressif du mode d'élection du Parlement européen pour arriver à des listes transnationales dont les têtes correspondraient aux candidats des partis européens à la présidence de la Commission. Voilà qui contribuerait efficacement à faire naître un espace public continental, tout en « dramatisant » l'enjeu du scrutin européen.

La construction de l'Europe ne peut plus se limiter à faciliter la prise de décisions entre vingt-sept États membres, dans un grand supermarché continental. Après cinquante ans d'une intégration limitée à l'économie, l'Europe arrive à maturité ; elle doit entrer dans une véritable phase politique et construire une démocratie à l'échelle du continent. C'est une occasion historique pour penser, enfin, la politique hors du cadre étroit et myope de l'intérêt national et des seuls intérêts commerciaux et financiers. Une démocratie enracinée dans la diversité sociale et nationale des citoyens et des peuples européens et donnant une nouvelle dimension à l'action politique.

Contrairement à ce qu'affirment les nostalgiques de 2005 et les souverainistes forcenés, ce ne sont pas les traités qui font les politiques européennes. C'est la politique qui fait les traités. Face aux crises qui se conjuguent, les réponses doivent nécessairement dépasser le cadre français. Nous nous sommes réunis justement parce que la politique se nourrit de vision commune, d'imagination partagée et d'ambition collective. C'est cette ambition que nous voulons porter ensemble dans l'enceinte du Parlement européen – et au-delà.

José Bové et Daniel Cohn-Bendit

⁂

Faisons passer la politique du système propriétaire à celui du logiciel libre

Paru dans *Le Monde* le 15 juin 2009

Et maintenant, qu'allons nous faire ? Cette question agite désormais tous les esprits, du centre à l'extrême gauche, et même au-delà. Depuis une semaine, cerveaux et calculettes sont en surchauffe dans tous les états-majors politiques. Les bons résultats d'*Europe Écologie* au soir du 7 juin suscitent convoitises, spéculations et aussi fantasmes de petits arrangements entre amis…

Dans un jeu politique qui reste tristement classique, j'admets que la question n'est pas sans importance, ni totalement illégitime. Mais je préfère, par précaution, avertir ceux qui espèrent nous voir céder aux maquignonnages d'appareils qu'ils risquent fort d'y être pour leurs frais. Depuis une semaine, je dis et répète : Europe Écologie n'est pas propriétaire de ses électeurs. Si un droit de propriété électoral devait exister, ce serait évidemment celui des citoyens sur les formations qui les représentent, et non l'inverse ! Saine évidence que nos concurrents – et peut-être futurs partenaires – devraient méditer.

Soyons clairs : je ne cherche pas à éluder la question de la stratégie et des alliances possibles. Je veux d'abord que l'on comprenne que notre succès n'est pas le fruit d'un vote d'humeur, ni même d'un habile agencement de nos convictions écologistes et européennes. Les idées, pas plus que les personnes, n'appartiennent en propre à quelqu'un. Elles ont vocation à circuler librement, à se propager et à évoluer aux contacts des autres. Certains, déjà, ne se sont pas gênés de puiser dans nos propositions et ils seront bien plus nombreux encore à le faire dans les mois qui viennent. Qu'ils sachent que nous jugerons de leur sincérité à leurs actes et non à leurs discours.

La pollinisation de nos idées sur l'Europe sera à coup sûr moins évidente, tant elle est susceptible de faire imploser la vieille matrice sur laquelle repose l'organisation institutionnelle des pouvoirs dans ce pays. Nous avons pris des engagements forts pour transformer l'Europe et ses modes de fonctionnement et nous n'avons pas l'intention d'y déroger. Bien au contraire ! Cela répond en partie à la question de savoir ce que nous allons faire maintenant.

En partie seulement. Car nous serions autistes si nous ne comprenions pas que le succès de nos listes traduit aussi un désir intense de voir changer la manière d'être en politique et un espoir soudain de voir inventer des liens nouveaux et plus étroits entre la société et ceux qui choisissent de porter leurs aspirations à l'intérieur de l'espace public.

C'est précisément cette façon de dire et de faire qui est la chose la plus novatrice dans le rassemblement Europe Écologie. Dans sa composition, sa construction, comme dans son fonctionnement, il parvient à incarner l'esprit du projet de civilisation que nous portons : celui d'une société qui refuse de sacrifier la diversité à l'unicité ou à la fragmentation ; celui d'un rassemblement où la multiplicité des parcours individuels est productrice de valeurs communes plutôt que d'ambitions personnelles et, *in fine*, celui d'un projet où les convictions sont sources de dialogue et d'échange avec les autres, sans dérive sectaire ou dilution du sens.

La politique est affaire de style et de méthode autant que d'idées. Notre philosophie de la vie nous rappelle à chaque instant que les fins sont aussi dans les moyens. Autrement dit, nous ne pouvons agir et porter un idéal sans penser nos modes d'intervention en pleine cohérence avec notre projet. Malheureusement, l'incohérence est devenue monnaie courante dans la vie politique française et c'est ce qui explique le relatif succès de l'UMP et les échecs respectifs du MoDem et du Parti socialiste lors de ces élections.

Car, s'il n'est pas toujours clairement exprimé, le projet politique de Sarkozy existe bel et bien et il est décryptable par bribes dans chacune des multiples décisions dont il inonde le pays. Ce projet, je l'affirme, est absurde et à contre-courant de la réalité du monde dans lequel nous vivons, mais il est néanmoins cohérent dans son absurdité jusque dans la manière dont le locataire de l'Élysée incarne aujourd'hui le pouvoir et l'hyperprésidentialisation du régime.

Dans son anti-sarkozysme caricatural, Bayrou a sacrifié les idéaux de sa famille politique en faisant du MoDem une « UMP en modèle réduit » et de lui-même une caricature du sarkozysme qu'il prétendait dénoncer. De son côté, le PS a gaspillé une diversité qui aurait pu faire sa richesse pour devenir un cartel électoral sans projet cohérent et toujours plus « off-shore » vis-à-vis des aspirations de ceux qui l'ont historiquement construit et soutenu. Il ressemble à présent à une ancienne entreprise d'État ravalée au rang de grosse PME, dotée d'une armée de cadres désormais moins soucieuse de parler à ceux qui pourraient faire sa force créative que de se déchirer dans une compétition présidentielle qui, en l'état, demeure surréelle.

Alors, à la lancinante question du « qu'allons-nous faire », je réponds que nous allons continuer à briser la logique du « système propriétaire » qui domine notre vie politique nationale, tant au niveau global qu'au niveau local, tant par l'Europe qu'à l'occasion des élections régionales. Plus que jamais, nous allons promouvoir la notion de « logiciel libre » appliquée à la politique et à la société.

C'est la seule alternative sérieuse aux formes de pouvoirs démo-autocratiques qui prolifèrent, à gauche comme à droite, en France comme en Europe. Entendons-nous bien : nous n'avons pas prétention à devenir une force hégémonique à gauche ou ailleurs. Ce n'est pas notre culture et nous restons résolument hostiles aux mutations génétiques. Nous visons justement à déshabiller la vie politique de cette tentation hégémonique qui, tout comme l'idéologie productiviste, hante gauche et droite depuis des décennies.

Dans la politique, comme dans la nature, la biodiversité est une richesse et toute tentative de nous fondre dans une sorte de grand parti social-démocrate serait synonyme d'appauvrissement. Nous voulons essaimer nos façons de faire et de penser la politique auprès de nos concurrents et potentiels partenaires. Le résultat du 7 juin nous confère, je crois, un rôle de charnière dans la vie de ce pays, notamment entre une aspiration forte au renouvellement et à l'approfondissement des instruments de la démocratie et un impératif de reconstruction de la justice sociale et des mécanismes de régulation autour de l'impérieuse exigence de sauvegarde de l'environnement et de la planète.

Les forces politiques de ce pays n'ayant pas encore conduit la révolution copernicienne que les citoyens exigent d'elles, nous n'avons pas aujourd'hui d'autre issue cohérente que celle de notre autonomie politique. Pour nous, la notion d'autonomie n'est pas synonyme de fermeture ou de cavalier seul. Bien au contraire. Notre rassemblement est et restera ouvert en même temps qu'il continuera de développer ses racines pour faire foisonner son feuillage. Le défi est immense et à l'image du défi européen : c'est celui de parvenir à mettre en œuvre conjointement une dynamique de l'élargissement et de l'approfondissement.

Dans un calendrier étroit, bien avant les élections régionales, nous avons deux rendez-vous majeurs avec ceux qui souhaiteraient devenir nos partenaires : un rendez-vous européen de la construction d'une large coalition visant à empêcher la reconduite de José Manuel Barroso à la tête de la Commission européenne ; un rendez-vous écologiste de mobilisation internationale des citoyens, des associations et des formations politiques, pour que le sommet de Copenhague sur le changement climatique débouche véritablement sur des mesures permettant de préserver l'avenir de notre planète.

Nous voulons donner raison à Edgar Morin. Il ne s'agit pas simplement d'introduire de la politique dans l'écologie, mais de l'écologie dans la politique. Nous sommes en marche.

⁂

Changer la politique pour changer de politique par Daniel Cohn-Bendit

Paru dans *Libération* le 22 mars 2010

C'est un tournant historique. Des européennes aux régionales, l'écologie politique s'installe désormais comme un espace autonome dans le paysage politique français. Mais devant l'ampleur des défis auxquels doivent répondre nos sociétés, la consolidation est une nécessité absolue. Il faut nous inscrire dans la durée et honorer ce rendez-vous avec l'histoire sous peine de disqualifier notre critique de l'irresponsabilité de ceux qui ne font rien, à Copenhague ou ailleurs, parce qu'ils sont incapables de dépasser leurs petits intérêts particuliers. Nous avons besoin d'une structure pérenne et souple à la fois, capable d'élaborer des positions collectives et de porter le projet écologiste, sans s'abîmer dans la stérilité des jeux de pouvoir ou la folle tempête des égos en compétition.

Soyons clair : il est hors de question d'abandonner aux appareils de partis cette dynamique de renouvellement politique et social. Cela reviendrait à nous installer au cimetière, déjà bien encombré, des espérances déçues. Je reconnais d'ailleurs que sous la pression des échéances électorales, nous avons trop longtemps repoussé la question de la forme de notre mouvement, au point de laisser le rêve en friche. Entre simple marque électorale et réseau purement virtuel, Europe Écologie est restée une projection, où chacun pouvait voir midi à sa porte. D'ailleurs, les résultats contrastés de nos listes au premier tour des régionales soulignent le succès de ceux qui ont respecté l'esprit du rassemblement face à ceux qui se sont contentés d'en appliquer formellement la lettre, le réduisant à une simple tactique d'ouverture. Sans en renier l'histoire récente, il est temps d'incarner l'écologie politique dans un corps nouveau, une forme politique largement inédite, décloisonnée, pour mener la transformation de la société

Abstention, populismes, clientélisme… Cette élection le prouve encore : depuis des décennies, le fossé n'a cessé de se creuser entre la société et le politique. Le divorce démocratique est profond entre des logiques partidaires complètement déracinées qui fonctionnent en hors-sol et une société active, diverse, créative mais sans illusion sur la nature et les formes du pouvoir qui s'exerce sur elle. Les partis politiques d'hier étaient de véritables lieux de socialisation et d'apprentissage de la cité. Mais aujourd'hui ils se réduisent le plus souvent à des structures isolées de la société, stérilisées par de strictes logiques de conquête du pouvoir, incapables de penser et d'accompagner le changement social, encore moins d'y contribuer. Parti de masse caporalisé ou avant-garde éclairée de la révolution, rouge voire verte : ça, c'est le monde d'hier. Celui de la révolution industrielle et des partis conçus comme des machines désincarnées, sans autre objet que le pouvoir. Comme des écuries de Formule 1, ces belles mécaniques politiques peuvent être très sophistiquées et faire de belles courses entre elles, mais elles tournent en rond toujours sur le même circuit, avec de moins en moins de spectateurs.

Le mouvement politique que nous devons construire ne peut s'apparenter à un parti traditionnel. Les enjeux du XXIe siècle appellent à une métamorphose, à un réagencement de la forme même du politique. La démocratie exige une organisation qui respecte la pluralité et la singularité de ses composantes. Une biodiversité sociale et culturelle, directement animée par la vitalité de ses expériences et de ses idées. Nous avons besoin d'un mode d'organisation politique qui pense et mène la transformation sociale, en phase avec la société de la connaissance. J'imagine une organisation pollinisatrice, qui butine les idées, les transporte et féconde d'autres parties du corps social avec ces idées. En pratique, la politique actuelle a exproprié les citoyens en les dépossédant de la Cité, au nom du rationalisme technocratique ou de l'émotion populiste. Il est nécessaire de « repolitiser » la société civile en même temps que de « civiliser » la société politique et faire passer la politique du système propriétaire à celui du logiciel libre. Je n'oublie pas l'apport important des Verts pendant 25 ans pour défendre et illustrer nos idées dans la vie politique française. Néanmoins, non seulement la forme partidaire classique est désormais inadaptée aux exigences nouvelles de nos sociétés, mais je crois en outre que tôt ou tard, elle entre en contradiction avec notre culture anti-autoritaire, principe fondamental de la pensée écologiste. Ni parti-machine, ni parti-entreprise, je préférerais que nous inventions ensemble une « Coopérative politique » – c'est à dire une structure capable de produire du sens et de transmettre du sens politique et des décisions stratégiques. J'y vois le moyen de garantir à chacun la propriété commune du mouvement et la mutualisation de ses bénéfices politiques, le moyen de redonner du sens à l'engagement et à la réflexion politique.

Si cette Coopérative a évidemment pour objectif de décider collectivement aussi bien des échéances institutionnelles d'ici 2012 que des grandes questions de société, sa forme définitive n'est pas encore fixée. Il reviendra à ses membres d'en définir les contours, la structure et la stratégie. Ce débat doit être ouvert. Pour cela, j'appelle à la constitution de Collectifs Europe-Écologie-22-mars. Constitués sur une base régionale ou locale pour éviter tout centralisme anti-démocratique, ces collectifs seront de véritables Agoras de l'écologie politique.

Leur principale mission étant de penser la structuration du mouvement, ils resteront une étape transitoire, qui devra céder la place à la Coopérative qu'ils auront contribué à construire. Pendant toute la durée de leur existence, ils respecteront un principe de double appartenance, pour les associatifs, les syndicalistes et même ceux qui sont encartés dans un parti politique. Parce qu'on peut être vert, socialiste, cap21, communiste, que sais-je encore, et partie prenante de cette dynamique collective. Encore une fois, l'important est moins d'où nous venons, mais où nous voulons aller, ensemble. C'est l'esprit même du rassemblement qui a fait notre force, cette volonté de construire un bien commun alternatif.

Le moment venu, chaque membre de la Coopérative votera pour en consacrer démocratiquement la naissance. Jusqu'ici, Europe Écologie s'est contenté d'être un Objet politique assez inclassable. L'enjeu de la maturité, c'est sa métamorphose en véritable Sujet politique écologiste autonome, transcendant les vieilles cultures politiques.

Petite bibliographie indicative

Michel AGLIETTA et Antoine REBERIOUX, *Dérives du capitalisme financier*, Albin Michel, 2004.

Ulrich BECK, *Qu'est-ce que le cosmopolitisme ?*, Aubier, 2006.

—, *Die Neuvermessung der Ungleichheit unter den Menschen*, Suhrkamp, 2008.

Murray BOOKCHIN, *Une société à refaire*, Écosociété, 1993.

Cornelius CASTORIADIS, *La Société bureaucratique*, Christian Bourgois, 1973.

Yves COCHET, *Pétrole apocalypse*, Fayard, 2005.

Frank DE ROOSE et Philippe VAN PARIJS, *La Pensée écologiste*, De Boeck, 1994.

Jean-Paul FITOUSSI et Ébi LAURENT, *La Nouvelle Écologie : économie et développement humain*, Le Seuil, 2008.

Nancy FRASER, *Qu'est-ce que la justice sociale ? Reconnaissance et redistribution*, La Découverte, 2005.

Jean GADREY, *En finir avec les inégalités*, Mango, 2006.

Bronislaw GEREMEK et Robert PICHT, *Visions d'Europe*, Odile Jacob, 2007.

André GORZ, *Misère du présent, richesse du possible*, Galilée, 1997.

QUE FAIRE ?

COLLECTIF, dirigé par Christophe FOUREL, *André Gorz, un penseur pour le XXIe siècle*, La Découverte, 2009.
Félix GUATTARI, *Les Trois Écologies*, Galilée, 1989.
Alain LIPIETZ, *Face à la crise : le New Deal Vert*, Textuel, 2009.
Edgar MORIN, *Penser l'Europe*, Gallimard, 1987.
Yann MOULIER-BOUTANG, *Le Capitalisme cognitif : la nouvelle grande transformation*, Amsterdam, 2007.
Bruno PARMENTIER, *Nourrir l'humanité*, La Découverte, 2009.
Nicholas STERN, *Rapport sur l'économie du changement climatique remis au gouvernement britannique*, 2006.
Charles TAYLOR, *Multiculturalisme, différence et démocratie*, Aubier, 1994.
Patrick VIVERET, *Reconsidérer la richesse*, éd. de L'Aube, 2003.

Remerciements

Derrière chaque livre écrit, et quelle que soit sa forme, son ton ou sa singularité, il y a toujours un travail collectif. Si mon emploi du « je » est assez décomplexé, au point souvent d'en irriter certains, mon propos n'est pas vierge de rencontres et d'échanges avec les autres. Ce livre n'échappe pas à cette règle. Je profite donc de l'occasion pour remercier ici ceux qui, comme André Gorz ou Bronislaw Geremek, m'ont influencé et nous ont trop tôt quittés durant l'année écoulée. Je veux saluer aussi mes amis, et parfois contradicteurs, André Gattolin, Édouard Gaudot et Joël Roman, qui ont activement contribué à la réalisation de ce petit essai.

Je tiens également à remercier ces proches et lucides économistes que sont Yann Moulier-Boutang, Alain Lipietz et Jérome Gleizes qui, au fil de nos discussions croisées de ces dernières années, m'ont permis, je crois, de mieux saisir les ressorts de la crise mondiale qui frappe aujourd'hui nos sociétés. Merci encore à Guendalina de Sario et Alykhanhthi Lynhiavu pour leur relecture attentive et les améliorations très substantielles qu'elles ont apportées à ce texte.

L'équipe qui a aidé Dany pour ce livre salue, à l'occasion de sa réédition, la mémoire d'Antoine Rébiscoul trop tôt disparu dans sa trente-neuvième année en septembre dernier. Il a beaucoup apporté par ses idées, sa disponibilité, sa gentillesse.

Table des matières

Pour l'éditeur, le principe est d'utiliser des papiers composés de fibres naturelles, renouvelables, recyclables et fabriquées à partir de bois issus de forêts qui adoptent un système d'aménagement durable.

En outre, l'éditeur attend de ses fournisseurs de papier qu'ils s'inscrivent dans une démarche de certification environnementale reconnue.

Achevé d'imprimer en octobre 2010 en France sur Presse Offset par
Maury-Imprimeur - 45330 Malesherbes
N° d'imprimeur : 159285
27-02-0575-4/01
Dépôt légal : octobre 2010
Imprimé en France